文經文庫 243

自己的孩子自己教

——我這樣教出孩子競爭力

徐權鼎◎著

文經社
Taiwan
COSMAX
PUBLISHING Co.
Since 1981

推薦序

身教重於言教

台北市立忠孝國中校長 王巧媛

在這個競爭激烈的社會中，惟有不斷的增加自己的籌碼，提升個人的競爭力，才是人生生涯發展的不敗之道。

一九九六年聯合國教科文組織（UNESCO）所出版的《內在的財富》一書中，提出學習的四大支柱，認為學生應該具備：一、**學會認知**；二、**學會作事**；三、**學會做人**；四、**學會發展**等四大能力。

北市教育局吳清山局長也認為，在二十一世紀的社會中，學生應具備五項核心能力：一、**學習力**：持續不斷學習和創新力；二、**適應力**：適應環境及引導改變能力；三、**資訊力**：運用資訊和科技的能力；四、**溝通力**：溝通技巧和人際關係能力。五、**生產力**：具備專長和執行工作能力。

因此，教育不僅只是傳授知識，更要培養學生核心能力，才能適應和生存於未來社會。如何讓孩子更具競爭力？這本書告訴父母，不能只顧及孩子眼前的考試成績，學習還有更重要的事，而且是一輩子的事。

大部分家長，對學校老師的教學總是覺得不夠，為了讓孩子有更好成績，所以送孩子去補習。數學需要多一些理解與練習，要補習；為了國際競爭力，要補英文；基測要考作文，當然更要補。孩子一星期，塞的滿滿任務的七天，讓孩子幾乎無法喘息。

家長的心情可以體會，因為有面對升學競爭壓力，唯有不斷為孩子補強，才能安心；然而，排滿的時間表，卻讓孩子對學習倒盡胃口。學校巡堂時常發現許多有補習的孩子，上課不夠專心（因補習班會再上課），或有精神不濟者（因補習睡眠不足），孩子的學習重心，令人有本末倒置的感覺，而成績表現也不如預期的好。

本書作者徐先生的兩個孩子，沒有補習卻有亮麗成績表現，姊姊就讀本校，八年級上學期數學及英語免修，數學已達高中程度，每次段考數學成績幾近滿分；弟弟就讀七年級，數學也免修，今年已通過本校數理資優班甄選，成績名列榜首。優秀是教出來的，讀者如果好好研讀，就可以了解徐爸爸是如何教出具有競爭力的孩子。

這本書沒有艱澀的教育理論，卻真真實實呈現為人父母指導孩子學習的點點滴滴，充滿了父親的愛與榜樣。

學校放學後，常見父母匆匆忙忙到校接走孩子，有一陣子我注意校園籃球場旁的菩提樹下，一個特別人物，他並沒有馬上帶走孩子，而是坐在樹下靜靜看著書，在旁等孩子打籃球，沒有催促；而在家長會辦公室裡的姊姊，也利用時間寫功課，直到太陽下山，弟弟打完球，滿身大汗，心滿意足，三個人高高興興、有說有笑的回家去。

我認識的徐爸爸，雖然沒有顯赫的學歷，但徐爸爸自我要求嚴格，有不斷成長的學習力，自己是作家又是講師，除了大量閱讀之外，各類演講或親職座談也不缺席，他說要取人之長補己之短。

徐爸爸這些年來陪伴孩子成長的過程，展現堅毅不拔的個性，隨時留意孩子的學習表現，孩子如有不足部分，想辦法補救，好讓孩子能銜接更高階的學習。孩子如有疑惑，自己無法解答，徐爸爸為了孩子，善用各項資源，打破砂鍋問到底，實事求是，讓孩子獲得真正答案。

但是徐爸爸也不希望孩子養成依賴習慣，隨著孩子漸長大，他已慢慢放手，兩個孩子能自動自發，不必督促叮嚀，讓孩子為自己負責，自我管理。

徐爸爸認為學習要「先苦後樂」，反對大家所謂的「快樂學習」，孩子小時候先奠定學習基礎，知識紮根雖然辛苦，如同蓋房子基礎穩若磐石，大樓可由平地起，未來的學習就可以輕鬆愉快，甚至出類拔萃。

他除了重視孩子課業學習，更關心孩子品格修養，孩子犯錯，教導勇於認錯。徐爸爸也積極參與學校事務，更協助許多對教養感到困惑的父母，解決家庭教育的難題，由於父親的榜樣，孩子學到樂於助人，在班上指導同學功課，絕不藏私，因此能擁有良好的人際關係。

在這經濟不景氣的年代，投資金錢不如投資教育，教育不只是學校的事，更是父母的責任。父母投資在子女的教育上，不只是金錢還要投資時間，因為孩子的學習沒有速成，要耐心等待與陪伴，這十年來徐爸爸陪伴孩子成長的艱辛過程，事實上，快樂多於辛苦，他一切的努力都是值得我們為人父母效法學習。

自序

我的十年，換孩子一個主動

徐權鼎

二〇〇六年初，我的第一本書《我這樣教出資優兒》出版後，原本不願再寫第二本書，想不到第三本《自己的孩子自己教》卻誕生了。

是太多太多的讀者賦予我下筆的力量，雖然這三本書都是我的孩子，但這本卻是眾多爸爸、媽媽催生下的產物。想想看，大人如我都需要這股強烈的支持與鼓勵了，更何況是孩子？

上一本書《孩子的能力父母親決定》出版後，全國各地許多有心的爸爸、媽媽，都能以「柯南」的精神找到我。而且方法無奇不有，除了傳統的寫信、傳真、打電話外，有一位住在高雄縣六龜鄉的邱媽媽更狠，坐高鐵直接到店裡找到我。問她：

「你為何不傳真呢？」

「那太慢了，我坐高鐵比較快。」

「萬一找不到我呢？」

「你沒看到我行李都打包好了，今天找不到，明天繼續找；明天找不到，後天；反正我決心要找到才回家。」

她沒有打過一通電話，也沒有住址，身上只有我的一本書及背水一戰的必勝決心。

邱媽媽曾拿我的書給她姊姊看，但她姊姊原本連一眼都沒看，就認為自己做不到。如今看到妹妹參考我的方法，孩子有了重大改變後，也慢慢學起來了。

這讓我也想起一個例子，多年前有一對小兄弟，一、二年級時在俞老師那裡學數學，雖然他們的父母不識字，但兩兄弟的表現都很優秀。

然而學了一年多後，孩子開始嫌累喊苦了。心疼孫子的阿嬤停掉了所有基礎學習。惜才的俞老師特地撥空到家中，勸說這樣很可惜。想不到阿嬤以為俞老師只是在「拉生意」，就潑了冷水說：

「書能讀就讀。不讀，殺鴨也不錯，到過年時，我們連理個髮的時間也沒有。」

阿嬤說到這樣還不夠，繼續說：

「老師算什麼？老師只是名聲好聽而已，我們殺鴨一天賺的比你們一個月還多！」

那時的阿嬤很神氣，但這幾年景氣不好，殺鴨生意也收攤了。長大後的兩兄弟退伍了，找不到工作只能「家裡蹲」。當年被揶揄薪水少的俞老師，二十年後卻還是快樂的老師。

這位阿嬤只看到眼前利益的誘惑，卻忽略了教育才是真正的百年大計。美國紐約時報專欄作家佛里曼說：「修補經濟斷橋，教育才是關鍵。」而美國發明家卡曼也說：「你可以印鈔票，但你印不了知識。」。教育的重要，實在無須我來呼籲。

景氣如此低迷，但補習班卻一枝獨秀，原因就在父母沒有引導孩子主動的習慣，白白浪費了許多銀子。考前的衝刺班，兩、三個月補一補我是不反對，但我不贊成孩子要長期靠補習才能讀好書。有的甚至「愈補愈大洞」，發育中的孩子沒時間睡覺，日後還能有什麼競爭力？

◎◎◎

許多家長好羨慕我家孩子的自動自發，也希望自己的孩子也能這樣，不必插電（被父母催促）即可主動做自己本份的事，卻忘了我已經經營了十年。

我的孩子雖只是國中生，卻知道讀書的好處，一天不讀書，他們反而覺得痛苦。孩子不可能永遠留在父母身邊，作為父母的我們，一定要教會孩子如何「主動」釣魚，大人才會日漸輕鬆。像我的孩子讀國中時，我已放手了，但許多父母才剛開始擔心呢！

孩子不只是在課業上主動，在家事方面，媽媽也堅持要求幫忙，洗碗、拖地是每天的例行公事，利用寫作業之間的眼睛休息時間，讓孩子體諒大人的辛苦。

現在兒子打完籃球回來弄髒的袖子，會自己主動去刷乾淨；踩了狗屎的運動鞋也一定自己洗。而女兒洗自己的內衣褲也行之多年，不必我們這兩個「老的」再多費唇舌。

教導孩子時，耐心鼓勵及堅持到底是必要條件。不以規矩，不能方圓！優質的孩子不是只有功課，分數更絕非是教育的全部，許多小細節卻可能影響孩子的大未來。

到各地演講成了我的工作之一後，才發現家長提問的問題第一名，居然不是功課，而是近視！當然我也不吝惜的傾囊相授自己孩子的經驗，如何讀好書又不必戴眼鏡，盼望能與讀者分享。

◎◎◎

「早一點聽到你的演講，我的孩子會完全改觀！」

這是許多爸爸、媽媽對我的鼓勵，有的媽媽更對我說：

「真後悔，沒帶先生及孩子來聽。」

或是：「糟糕！沒帶錄音筆，今天的演講有錄音嗎？」

她們以為和之前別人的講座差不多，所以也不抱任何希望。但聽完後才後悔，原來和教授、博士講的理論完全不同，沒有任何距離感。

有一次在桃園一所國中，結束後聽眾還不放我走，把我拉進校長室開了第二場，甚至問我下次的演講時間，我才發現家長的需求竟是這麼迫切。

帶了十多年的兩個孩子，歷經了外八字、口吃、近視、扁平足（鴨母蹄）……，才知原來除了學業以外，連這些毛病都有黃金期可矯正補救的。但初為人父母時根本不懂，如果能夠重來，我會做得更好。

但願各位讀者帶出來的孩子，就是我的「重來」。千萬不要再走冤枉路，錯過黃金時期，造成一輩子的遺憾，課業也是一樣道理。

◎◎◎

「爸！什麼叫ㄈㄨˊ ㄔㄜˋ？」弟弟忽然問我。

「胡扯？胡扯就是亂講啊！」

但我走過去看才知道，他問的是「福祉」。

雖然鬧過很多笑話，但孩子肯主動提問的精神是值得肯定的，我建議他利用學校准他數學免修時加強閱讀，彌補本身的不足。但常聽他在書桌上喃喃自語：「認真好？還是打球好呢？當然嘛打球好！」

說完後就出去了。他已爐火純青到這種地步：主動讀書，主動打球！許多人誇他為天才，絕對不是！他只是一個國中學歷父親的孩子。如果你硬要說是，我只能說：

「原來天才是可以製造的！而製造者就是用心的父母。」

德國哲學家海涅說：「春天不播種，夏天就不會生長；秋天就不能收割；冬天就不能品嘗。」兩個孩子的紮實基礎、自動自發及快樂學習，是我和太太以十年「陪」來的。

不用羨慕我，你們如果照著做，你們會做得更好。

目次

| Part 5 |

一路領先到終點的撇步 135

| Part 6 |

不必花大錢的優質教育 167

Part 1

好習慣
比好成績更重要

不怕慢，就怕站

給她時間、給她信心，怎麼會慢？
在父母的耐心及鼓勵下，
她讀得很快樂，
不會因考不好而喪失信心，
因為背後有父母強力的支持。

太多太多的媽媽，看了我之前兩本書後，寫信來問道：

「現在開始會太慢嗎？」有小二的，也有國中的。

通常，我會反問她們為孩子設下的終點在哪裡？高中？大學？那當然太晚了，因為目前我們感受到失業率最高的就是大學畢業。我常告訴孩子學習之路沒有終點，只有堅持。目標清楚的人，世界也要讓他三分！

一位和弟弟同班的資優生，在小學時表現非常優秀，惟獨數學就是七、八十，依據我的研判就是缺乏練習，把月考當作評量來寫當然吃虧，我建議他依照我們的模式把基礎打好。

他的媽媽很積極，馬上利用寒、暑假把不足的計算能力補了上來，這位同學也很認真的加倍學習，在畢業考時居然考了滿分，和弟弟並列第一，弟弟還為此吃醋對我抱怨了一番：

「爸！都是你啦！誰叫你教他的？以前數學全班一百只有我一個。」弟弟嫉妒的說。

這是那個小朋友小學六年來數學惟一的一百，他爸爸知道了也很高興。得到肯定後，上了國中更認真，這次月考更考了第一。

他，小六開始都來得及，何況小二？成功不是偶然，努力才是必然！

在大量閱讀方面，我做得並不澈底，這可能是姊姊國文及歷史不好的主因，也是我心中永遠的痛。

當初雖了解多閱讀的好處，卻陷入了可能提早讓孩子近視的兩難。為了視力，我忍痛限制孩子大量閱讀。在小學還沒什麼感覺，到了國中問題來了，姊姊曾告訴我，有些題目她連意思都看不懂，如何作答？所以她再怎麼努力看課本及準備，國文和歷史總是考得不理想，投資與報酬率常常不成比例。

我趕緊做補強的動作，每日抽出固定時間看課外書籍，並且每天收看新聞刺激思考邏輯，買歷史書籍及《論語》、《世說新語》等文言文測驗題，利用英數免修時加緊腳步，在寒暑假更是和弟弟比賽誰讀的書疊得比較高。我們一直鼓勵她：「不怕慢，現在開始還來得及。」

前幾天放學她手舞足蹈的向我們報告，作文終於有了五級分，而且國文老師相當讚賞，因為段考差兩分就滿分了。歷史老師更是翻箱倒櫃的把家中歷史藏書借給她閱讀，有時還會抽問心得，她的進步只剩下時間罷了。

我常告訴孩子，龜兔賽跑中的烏龜，是贏在不放棄的努力結果，給她時間、給她信心，怎麼會慢？在父母的耐心及鼓勵下，她讀得很快樂，不會因歷史考不好而喪失信心，因為背後有父母強力的支持。

早上太太叫了一聲，我以為發生什麼驚天動地的事，她居然說自己忘了洗衣服。我建議她馬上洗不就結了。

「來得及嗎？等一下要上班了。」

「沒什麼來不及的，再猶豫就真的後悔了，少說一些廢話，馬上做一定可以。」

「好！馬上洗。」

還沒出門，衣服我已晾完了。

少年好學，如初升的太陽；壯年好學，如日中的太陽。我自己四十多還在背單字，國片「海角七號」的茂伯近七十才爆紅，還有誰要說來不及的呢？

總之，遲到總比沒到好！

微罪不舉成惡習

孩子會不斷試探父母的底線及耐性，
犯了小錯如果大人能夠忍受，
甚至寬容到「微罪不舉」，
他們就會「軟土深掘」，
直至踩到紅線後才緊急煞車。

樹是少時修，火要小時救。

有時小朋友也不真的存心說謊，脫口而出只是習慣性的唬哢過去，心想大人也不介意，這時大人要是不表態矯正，孩子的認知就停留在那個時候，就像我們抖腳一樣，是不自覺的、是習慣性的。而且太容易原諒，會造成孩子無法記取教訓，這讓我始料未及。

姊姊同學的媽媽打電話來請教某事，聊天當中談及她兒子一放學不打電腦根本受不了，一上去最少就是一個小時，說也沒用，她也不想硬性阻止。另一方面她稱讚我家兒子這麼厲害，居然能夠不受誘惑可以不打。太太回她：

「你誤會了，這是有典故的。」

電腦遊戲是弟弟的第二生命，所以有電腦後便與他約法三章，每日只能半小時。但，他仍無法倖免沉迷於電腦中五光十色及刀光劍影的快感裡。

他知道要求增加時間是不可能被同意的，於是想到了「拖」，每天偷個幾分鐘。孩子都是一樣，會不斷試探父母的底線及耐性。犯了小錯如果大人能夠忍受，甚至寬容到「微罪不舉」，他們就會「軟土深掘」，直至踩到紅線後才緊急煞車。例如弟弟常說：「偷幾分鐘頂多被『念』一下而已，假若沒『念』，我就『卯死』了。」

知道兒子詭計後，每次打電腦我們必定計時，他也乖了好一陣子。不解的是，有一次他假作功課之名行偷打電腦之實，我在客廳瞄到螢幕半斜，有不讓人瞧見的反常行為，門又半開半掩，他自以為聰明，殊不知愈心虛愈啟人疑竇！這根本是「此地無銀三百兩」嘛！

每次上前要來個人贓俱獲，而看到的總是查資料的螢幕，這種情形常常上演卻苦無證據無法舉發，但夜路走多了還是會遇到鬼，百密也有一疏，終於被我逮個正著。

經過一晚的開導，他知道自己錯在哪裡，認知偏差成習慣了。誠心道歉後接受罰背英文雜誌一整課的處罰，何時背完，何時恢復打電腦的權利。

本以為事情落幕了，還早呢！一個月後又被媽媽抓到偷打。媽媽當場潸然淚下動之以情，讓他明白因沉迷於電腦，養成了說謊、狡辯的惡習。壞習慣的養成容易，要改是很難的，自己的累犯就是最好的證明。

經由媽媽的曉以大義，他自行處罰自己，刪掉所有電腦遊戲程式，保證日後絕不再犯。結束對電腦的瘋狂後，反而自己去研究高中數學。有這樣的轉變除了父母的循循善誘外，還要靠孩子自己堅定的毅力跟決心，尤其知錯能改的勇氣更是值得讚許！

發條不常轉，久了必鬆！事隔一年，善於遊走「我家法律」邊緣的弟弟，談到這則往事，還大言不慚的說不是我技術差被抓到，實在是我們家電腦太爛了，速度不夠快，人家一個鍵就過去了，我們要三個鍵。媽媽問他：

「你們為什麼那麼喜歡欺騙大人？」

「你沒當過小孩嗎？」

「我們以前不敢騙父母啊？」

「哎呀！時代不同了，不信？你去問爸爸，他一定有，不然我怎麼會遺傳到他？」

哎！怎麼搞的，兒子說謊，連我也有事？看來是我太太的「問案」技巧要加強了。

短期魔鬼訓練

我知道這不是長期性的，
也不能長期。
為了孩子的長期自信，
我接受批評，
但我堅持！

學齡前我很自卑，因為他們嘲笑我是個沒媽的孩子。

被嘲笑外還被欺負，因為太窮了，衣服、褲子都是縫縫補補，連課後輔導一百元還得向老師殺價一半，在同學面前抬不起頭，更不要說什麼自信了，壓根不曾想到要認真讀書了。

這些可憐的情形，到了五年級重新編班後起了變化，新同學不知我的過去，也不知道我沒媽媽。

每周一老師必抽問上次教過的內容，不會的罰站，好尷尬！為了不出糗，周日我努力背社會課本，本來單純只是應付老師的抽問，想不到意外的卻使月考成績異常出色。

第一次受到同學及老師的稱讚後，整個信心及氣勢都上來了，原來成績好的滋味這麼棒，從此我更認真、更用功，因為得到了別人的肯定後，有那種山登絕頂我為峰的快樂，成績始終保持前幾名，甚至一直延續到國中。

我的前車之鑑，也讓自己運用在孩子的身上，沒自信什麼都免談，要孩子自動讀書也不容易，我很慎重的思考這個問題。好，來個短期的魔鬼訓練，使孩子成績立竿見影，得到他們的成就感後一切都好辦了。

於是，我擬定一份作戰計畫，以背水一戰的心情：只准成功，不准失敗。我勢在必得！

在姊姊小二時，我對她心理喊話，問她：「想不想拿第一名啊？」她居然說：「要！」也許這是每個孩子的心聲及標準解答，只是沒有得到大人的協助。

我仔細分析題目十之八九從評量裡面出來，沒什麼深度，下苦功即可輕易得到。請注意，必須不是贏在聰明，而是贏在「下苦功」，這樣才能使孩子建立信心。

我問她：「願不願意配合我的訓練？」她點頭。我了解自己已成功一半了，因為必需讓孩子願意配合，如果不要，我也會有另外的方法，總之，就是要孩子乖乖自動就範。

我不會逼她；但我會「設計」她，請君入甕。可惜有些家長第一關就投降了，根本沒動過腦。

平時我們就有計畫的超前進度，連試題都弄清楚了，孩子上課時，當然完全聽得懂，而且會更有興趣聽；即使被老師抽問到，回答時也不會害怕，孩子當然會更願意讀書。

沒預習、不會的人怕被抽到，相反的，會的孩子會想：「老師怎麼不叫我？」答對後的那種榮耀，常是孩子努力的動力，保證他會更認真。

月考前二周我和孩子到小房間閉關，就是讀書。以課文為主，讀完後我馬上抽問，姊姊讀書的時候問弟弟，弟弟問完換姐姐，通過後才能「放風」，走出這個書房。

剩下一個禮拜的時間大概評量都寫完了，我很瘋狂的重新把題目問一次，孩子的反射動作很快，基礎很紮實，如果錯的再作記號，月考前一天重問作記號的部分，做到滴水不漏，連問答題都不放過！

你可以批評我填鴨、殘忍、不人道，連當時太太都一直要我停止這種魔鬼訓練，太瘋狂了！沒有人這樣準備考試的。

但我知道這不是長期性的，也不能長期，只是為了使孩子定型，不得不使出的辦法。為了孩子的長期自信，我接受批評，但我堅持！

等孩子上國中了，在功課上都能自己學習吸收了，不必像小學那樣整天stand by，現在兩個孩子不但成績好，人緣更好。

六年後的今天，當時批評我的太太，卻要公開這一段不為人知的祕辛，還稱讚當時如果沒有建立起孩子信心，現在什麼都不是了。

但我強調，這種手段只能用在短期，而且要孩子心甘情願，不然會有副作用，孩子也會反彈。

如果大人不願意付出，那也請不要指責孩子的分數不好看，因為那是相對的。

把「名師」帶回家

要他教幾次，他都要乖乖照辦，
不高興還可叫他倒著教。
是我們控制時間、心情，
而不像在補習班還要等其他同學的進度，
可依孩子個別的能力利用寒暑假超前。

兒女在學校的的英、數免修，有一部分的功勞是這位「名師」！

這位老師不會對你發脾氣，不會罵你笨。每天笑容可掬、和藹可親、不厭其煩，一遍又一遍的教你，叫他出來就出來，不高興就要他退場休息，依你時間安排。它是「名師」，你是主人，也可以帶它回家。「它」，就是教學片。

實力是靠平時一點一滴累聚而成，靠著每天一點的零碎時間，我們居然在小學畢業前將國中數學，反反覆覆看了三次。那時中華電信的MOD教學節目是免費的，卻使我兩個孩子數學程度，已到了信手拈來的境界。

有大人的規畫及配合，我們成效不錯，進而想到買DVD教學片，是很貴沒錯，但比補習費便宜多了，尤其家中有弟妹的更省下一半，或者可找志同道合的同學一起分攤，這樣就經濟許多。我們家的理化教學片也是向朋友借的，不然一套兩萬多的片子，真的是一筆負擔。

一位媽媽向我提及老師不教音標，而是以自然發音為主，自己又不會教。我建議她買片子給孩子看，要他教幾次，他都要乖乖照辦，不高興還可叫他倒著教。是我們控制時間、心情，而不像在補習班還要等其他同學的進度，可依孩子個別的能力利用寒暑假超前，像我的孩子已在看高中數學了。

一般而言，男生的數理能力是優於女生的，我們家也不例外，目前的高中題目也是弟弟教姊姊，其他科再由姊姊教弟弟，二人互相研究。我自己也跟著看後才知道，其他同學需要補習的痛，有些真的不是聽一次就能理解的，就算懂了也一定要把附上的習題親手算一次，才能永久記憶，不然也是枉然的。

畢竟文章要上手，筆桿不離手，更何況數學的計算能力。有時看到一半，我還會裝不懂，要孩子到螢幕前教我，測試孩子的專心度以及增加孩子當小老師的榮譽感。但如果大人沒決心，也不想督導，或是孩子太被動、沒毅力，就請不要再浪費金錢。

紅花還得綠葉扶。父母的態度是成功的關鍵！姊姊這次理化段考，成績技壓全八年級，開心了整個星期。

她，沒有補習。只看DVD！這位名師讓我省下了龐大的補習費。

簡單過生活

「需要」是必須品；
「想要」是奢侈品。
人的一生需要不多，
而想要的往往不少，
是否也該體會一下知足常樂？

「現在的小孩都很浪費，哪有人肯用舊的？」

太太在台中的姪女，她的高中國文老師，在課堂上舉了一個例子。

「但是，在台灣居然有小學生肯用別人用過的××幼稚園書包。」老師繼續說。

太太的姪女愈聽愈熟悉，好熟喔！突然大叫：

「那個書包是我的啦！」

「那兩個是我姑姑的小孩啦！」

全班同學及老師都嚇了一跳，盯著她看。

世界真小，這位老師也許是看過電視上于美人主持的「國民大會」裡訪問我的那一段，但那確實就是我們的真實生活。

弟弟在小學時，對我說出他的疑問：

「爸！為什麼我們班的低收入戶買得起名牌布鞋及書包？難道我們比低收入戶還窮？」

從小我就教育孩子，「需要」和「想要」是不同的。「需要」是必須品；「想要」是奢侈品。人的一生需要不多，而想要的往往不少，是否也該體會一下知足常樂？

在他的印象中，我們家感覺上真的買不起任何的奢侈品，什麼家電都是破破舊舊，有的年齡還比他大。十多年的舊型電視，二十多年的匣式錄放影機……。我們給孩子的觀念就是能省則省，能用就好。

既然無法開源，那麼一定要節流，不能浪費，就算是一張衛生紙，不必用的就不用。

自己能簡單過生活，其實得力於小時候的刻苦成性使然。小時候的經驗讓我很珍惜身邊每一項資源，更希望傳承給孩子。

一次的聊天當中，弟弟向我表達極為強烈的購車慾望，當時他小五。我也很阿沙力答應他，等手頭再寬一點。

想不到他馬上當面向我「吐槽」：

「爸！你不可能有車啦！」我楞了一下。好啊！小子！居然看不起你老爸？

「我的意思是說，就算你有錢也不會去買車，會留給我們讀書啦！」

總算說出公道話，還算了解我，也是事實。說買不起實在太矯情了，子彈要留在刀口上，不然作為一位講師，騎著機車到處演講，好像也很奇怪。

但就是因為這樣的個性，影響到兩個孩子不追求時髦的習慣，因為最新型最炫的，也代表價值不菲。

手機在小學時算是非常普遍了，我們硬是等到國中為了接送方便才申請，而且絕對是最陽春的儲值型，半年三百元打不完，不像有些孩子手機功能超炫，單價高達七、八千，而且是月租型，怎麼打也打不痛，不知珍惜，反正爸媽付錢。

「才五百元而已！」

「才一千元而已！」

孩子的不知道感恩，其實出自父母給的太多，尤其是在物質慾望上。

我常給孩子一個正確觀念，手機是緊急連絡用，而不是聊天，就算對方付費也得為對方省錢，爸媽賺的都是辛苦錢啊！

弟弟有一次告訴我，班上有一位同學，早餐居然花了七十多元，好浪費！他不會做這種事。

就算外出或校外教學，他也都自帶白開水不買飲料，從小習慣就是如此，當然不會覺得痛苦或難受。

很欣慰自己的孩子能遺傳到父母的珍惜。

景氣差，物價攀高，收入減少，孩子開銷又大。有時很無奈，是不是讓孩子學習過過苦日子，畢竟由儉入奢易，由奢入儉難啊！

常將有日思無日，莫待無時想有時。

打不打小孩？

問題不在打不打，而是在關不關心？
花不花時間？家庭幸不幸福？
就算曾打過孩子，
父母的「愛」也能化解孩子心中的恐懼。
如果沒走出來的，
就是付出的「愛」還不夠！

棒下不見得出孝子，但也不是一定就不出孝子。打不打見仁見智。但「成則為王，贏者說話」是不變的恆理。以二分法決定孩子是不是該打，實在太武斷、太主觀了。

初為人父人母者，總是陷入兩難。打了，被批評虐兒不人道，怕傷其自尊、自暴自棄，一輩子的惡夢如影隨形；不打又怕不成器，萬一行為嚴重偏差，孩子長大成型後造成難以挽回的遺憾，又被批沒教育好孩子，當什麼父母？留下的是痛及懊悔，但也噬臍莫及了。

一位苗栗的爸爸打電話問我這個問題。

他從小被打到高中，知道孩子的痛苦及無奈，所以自從有了孩子後，就決定不打小孩，但小孩子一而再的犯相同的錯誤，講了也不聽也不知道該怎麼辦？

其實問題不在於要不要打，也不在要不要罵，重點是在如何教育。

我以自身的經驗分享。就學前孩子曾為了說謊而被打，打完之後分析，讓其知道錯在哪裡，並誠心認錯。上了小學，孩子有自尊心後，棍棒就丟了，以講道理為主，責備為輔。國中呢？責備就更少了，改以鼓勵為主，在我家是這樣循序漸進的。

在十多年前，我曾好心力勸一位鄰居媽媽不要打女兒了，因為她要求太嚴格，導致孩子眼神呆滯，我的雞婆換來多年不相往來，但救一個算一個。值得！

我的一位朋友，大兒子出生後很嚴厲的管教，教他讀書及做人的道理，但還是秉持著不打不成器的傳統觀念。老二出生後和媽媽較為貼心，媽媽護著他不讓爸爸動家法，認為就算犯了大錯，為何一定得打才能解決問題呢？老二恃寵而驕後，爸爸也漸漸縮手了。

十年後的今天這位媽媽告訴太太，好後悔當年這樣做。

被嚴厲教導過的大兒子很懂事，會幫媽媽做家事，舉凡擦桌子、洗碗、晒衣服……樣樣貼心。倒是小的都快國中了，但卻問題一堆，講也講不聽。還有一次更嚴重，哥哥帶著弟弟去看電影，而弟弟和同學討論劇情太大聲，吵到後座同為青少年的一群，要他小聲點也不聽勸。電影結束後七、八個在門口堵他作勢揍人，後來在世故又懂事的哥哥為了弟弟卑躬曲膝，委曲求情下，白目的弟弟才能毫髮無傷，沒被外人「教訓」。

不過回家之後，終於被小時候大力護航的媽媽，補「修理」了一頓。

不以霹靂手段，怎顯菩薩心腸？不要以為專家的話會帶好你的孩子，那是參考，最大的關鍵點就是自己如何教育。

三歲「雕皮」，五歲「雕骨」。上小學後還打小孩，我是非常不贊同的；至於學齡前就算要打，也要師出有名，事後一定要分析道理給孩子聽，讓他們心服口服，知道錯在哪裡。總之，打是手段，不是目的。

另外，要打也不能打屁股，資優的孩子容易反抗、走極端，還是建議以最大的耐心代替棒棍。

問題不在打不打，而是在關不關心？花不花時間？家庭幸不幸福？就算曾打過孩子，父母的「愛」也能化解孩子心中的恐懼。

如果沒走出來的，就是付出的「愛」不夠！

把問題丟還給孩子

本來想這樣做比較快，
但還是忍住了，
讓孩子自己想辦法也許更好，
太方便了反而孩子不知珍惜，
更失去一個很好的學習機會。

四川臥龍因地震缺少竹子，貓熊只好學工作人員吃粥，有的開始學啃草。甚至喝尿、抓蚯蚓吃，就為了活下去！

這一代的孩子太幸福了，從來不會想到哪一天會過苦日子。過慣了茶來伸手，飯來張口的優渥生活，無法體會父母的辛勞與付出，只會一味的要求，而漸漸失去解決問題的能力。

前年初到樹林的一所國小演講，一位主任知道我在繼續寫書，特別告訴我關於她和她兒子的一則故事。

小一的兒子一直向她要求養貓，但作為媽媽的她為了親子關係的和諧，不想正面回絕，只好對兒子裝出很無奈的表情：

「以媽媽現有的能力，你和貓之間只能養一個，怎麼辦？」

兒子考慮了很久，過了幾天一副煞有其事，很慎重的跑去向媽媽說：

「還是養我好了。」

機智的媽媽天衣無縫的把問題丟還給孩子自己解決，智取兒子。

我去給人上課，別人反而上了我一課，讓我受益良多，此後我也常用在孩子身上。

電腦我是敬而遠之的，讓兩個孩子自己研究。有一回國文老師要女兒以電腦錄音回傳到老師電腦中聽語詞，但家中的電腦是舊機型，沒有那個錄音程式。

凡事不想給孩子太方便了，有問題先想辦法自行解決，要不然找人灌程式即可，不必如此大費周章，再去向國文老師借麥克風。

弟弟自己上網找程式、問公司，弄了兩天我快忍不住，本來想載去公司弄比較快，但還是忍住了，讓孩子自己想辦法也許更好，太方便了反而孩子不知珍惜，更失去一個很好的學習機會，於是又忍了兩天。

到了第四天，想不到弟弟以現有的東西，真的給他七拼八湊的弄出來了，他好有成就感。原來要花上好幾百元的，而現在除了花點時間外，還得到許多寶貴的經驗。

原本姊姊已放棄了，還問老師可否以錄音筆代替？老師說，學校的用意就是要你們要會用啊！姊姊聽懂了，我也認為很有道理，於是整整花了他們四天。

弟弟每次放學打完籃球回來，袖口必定髒成左右兩大塊，流完汗後順手一擦，方便的很，但洗衣機洗不起來。

起先媽媽以刷子刷，並交代他帶手帕。第二天還是髒著袖口回來，這時媽媽看了很火大，要他自己去刷。洗不乾淨再去洗一次，直到媽媽滿意為止，雖然弟弟臉很臭，心不甘情不願，但至少讓他知道不能那麼自私，自己方便卻造成別人的辛苦。

有時候適時的把問題丟還給孩子，會讓人得到意想不到的結果。

天上下雨地上滑，自己跌倒自己爬。經過這一次教訓後，兒子的袖口很少再髒過。

動作慢的孩子

孩子動作慢，
是父母讓他們習慣的，
有時大人比孩子提早投降。
我的經驗證明，動作快慢
其實是看父母的態度與方法。

「貴妃啊！你嘛洗『卡緊』(快)一點！」

「好啦！好啦！」

這不是電視廣告的台詞，而是發生在我家的真實對話，姊姊可以回答得很順口，因為她洗個澡，可以磨掉四十分鐘以上，真的是比貴妃還貴妃。弟弟只好改名叫貴弟，媽媽呢？委屈一點，就叫桂圓吧！

「快！快！快！」這是小學時期每天我對姊姊最常說的話。

她的動作超慢，真的很吃虧。遺傳自媽媽的地中海貧血症，容易疲倦，又要睡得比別人多，六題歷史罰寫可以摸一個多小時，吃個飯也可以是一個鐘頭，哪來時間讀書、寫功課？

皇帝不急，急死太監。我急到胃痛，心臟快跳出來了，她還是一副悠哉悠哉的若無其事，完全感覺不出時間悄悄溜走的可怕。

有許多媽媽也向我反應，小孩的功課明明不多，卻要花很多時間來寫功課，導致無法預習或複習。不是找不出原因，就是無法改正孩子的習慣。

多年的經驗讓我體會出，這是沒有動力和壓力，以及缺乏時間概念的結果。

在孩子小一小二時，我自己犯了全天下父母都會犯的錯誤，是造成孩子動作慢、拖拖拉拉的主因。

好幾次我兩個小孩在周末時會相約在六、七點起床，他們要享受沒有大人在身邊嘮叨盡情的玩樂。

後來我要他們寫完一份功課才能玩，之後他們就起不來了，因為剝奪了他們的樂趣，少了誘因。

平時他們功課寫完後，我會再分配其他作業，孩子開始抱怨，認為快也沒有用，接踵而來的是更多的功課，倒不如慢慢來比較划算。

後來我和孩子約法三章，事先言明指定功課作完，其他都是你們的自由時間。孩子有目標後，動作自然加快，就像之前周末會自動起床一樣，不會拖拖拉拉。現在姊姊也會早起練吉他、學日文了。

我常利用出去逛街前或遊玩時，要孩子背十個單字就是這個道理，效率非常高，甚至要求提早起床，孩子都願意。

我特別買了兩個倒數計時器，以三十分鐘為一個單位，讓孩子有一段時間的壓力及感覺，也很清楚自己做了多少事。

也許有的孩子幾個三十分鐘過去了，還是一事無成，有些媽媽甚至心想，反正寫完才能睡覺，是拖到自己的睡眠時間。完全沒考慮到後面的時間是無限的，沒有壓力自然沒有效率，以致習慣永遠改不過來。

我的作法是反其道而行，不管功課是否完成，一定要準時睡覺，而非時間任其揮霍。第二天要求孩子提早起床趕功課，因為快上學了，壓力不可謂不大，專心度更佳，因時間「有限」，不是無限的給你浪費。

早起是很辛苦的，也算對孩子的一種懲罰，狗急都會跳牆，何況是人？但我發現，起不來的往往是大人！

姊姊怕遲到，在遲到前她動作超快。而且晚上十點後我是不簽聯絡簿的，只見她上學前拿個便當都是用跑的。

以前她吃個早餐、至少都要半小時，現在不到十分鐘，吃得太快還被媽媽糾正對胃不好。

經過半年有計畫的訓練，她變得非常珍惜時間，且動作也非同日而語。她常掛在嘴邊的口頭禪：

「不要浪費我的時間，我的時間很寶貴・ㄋㄟ！」

早上自己撥鬧鐘，遇到我還自嘲：「快來趕功課喔！」

放學後的一小時和上學前的一小時是不等值的。匈牙利裴多斐說過：

「偉大的一小時，可以補償一世紀的缺陷。」

不要再罵孩子烏龜了，其實烏龜已算快了。不信請到木柵動物園看夜行性動物二趾樹獺，你會看到什麼是真正的「慢」。

在有限的時間內做無限的事。不是動作慢，是孩子的潛力未被激發出來罷了。

孩子動作慢，是父母讓他們習慣的，有時大人比孩子提早投降。我的經驗證明，動作快慢其實是看父母的態度與方法。

固定時間閱讀

有些媽媽買了整套有聲英文書，十多萬，結果在沒規畫下，最後還是浪費掉。還不如我們每天固定讀雜誌、看英文節目。

以前常常買書回家，一放就是幾個月沒時間讀。

有一次買早餐回來告訴太太，今天的報紙報導：「新民族主義崛起，世界不再是平的。」她居然笑我：

「你真厲害，一本書從『世界是平的』，看到世界不是平的還沒看完。」很抱歉，不是沒看完，我是連書都不見了。

我知道自己的問題出在哪裡，因為我沒有每天固定時間閱讀。

是，我們都以沒有時間閱讀作為藉口，況且每天出版的新書就有幾百本，看也看不完，乾脆放棄！卻有時間泡茶、喝咖啡、看電視、看報紙……。

三國名將呂蒙勤學武藝，君主要他多讀書，他劈頭一句：「沒時間啦，忙啦！」孫權回以「你有我忙嗎？」堵住了呂蒙的嘴巴，幾年之後他已非「吳下阿蒙」了。

是要不要，而非能不能。

現代人沒時間是正常的，有時間的人有時是代表不幸福。因為失業的人時間何其的多。

怎麼撥時間？自己訂下的看書時間，泰山崩於前而色不變，麋鹿興於左而目不瞬。洗衣放下、飯可不吃，抛開手邊一切，就算天塌下來也得把時間捱過才能逃跑！

真正的放下身邊一切雜務，才有可能成為呂蒙第二。

從此自己下了一個目標，在書上貼了一張便條：「忙：一天一百頁，不忙：一天五十頁。」姊姊看了搞不懂，就問我說：「這個道理我想不通，為什麼你可以愈忙看愈多？」哈哈！你當然想不通，原因就是我太忙了，忙到連自己寫反了也沒發現。

看一本書有這麼難嗎？真的很難。因為必須挪時間，書又不像八卦雜誌那麼吸引人，容易閱讀。沒時間？騙人！是不會固定時間。

我兩個孩子放學時間不定，有時一等就是一個多小時，許多家長不是延頸企踵的盼著孩子趕快出校門，就是心浮氣躁的吞雲吐霧消磨時間，很可惜。在這固定的空檔，就是我每天固定的閱讀時間。

許多讀者問我作文要不要補？我的建議還是多閱讀才是根本之道。就像有些媽媽買了整套有聲英文書，十多萬，結果在沒規畫下，最後還是浪費掉，還不如我們每天固定讀雜誌、看英文節目。

孩子的英文不必讓我擔心，其實也是每天六點到六點半固定的結果，這半小時不能寫功課、不能吃飯，也不能發呆。兩姐弟互抽今天雜誌上的單字及預查明天的課文。洗完澡後四十分鐘，兩個孩子寫的也不是學校功課，他們會做些高中數學及少許的文言文閱讀。補習？效果也沒這麼好！

有一次我要姊姊做高中數學題，她居然回我：「現在是閱讀時間，又不是做數學時間。」

山成由一簣，崇積始微塵。現在要我們家的人三天不讀書，真的是面目可憎，心裡都會覺得好可怕。

實力是靠平日一點一滴累積而成，如能持之以恆，作文也能行雲流水，有如鷹拿燕雀之易，訣竅就在「固定時間」。

Part 2

快樂的孩子
不怕挑戰

倒啖甘蔗的快樂學習

專家學者的快樂學習，和我的觀點不同。
好多孩子真的從小就玩「完」了。
玩的同時，
痛苦正不知不覺一點一滴的累積，
殊不知欠自己的總有一天還是要還的。

姊姊有一天放學回來說：「好像全班我讀得最輕鬆，同學一放學就衝向補習班，而我想幾點睡就幾點睡！」

媽媽回答她：「對啊！這是我們從小就開始努力的結果。」

她回媽媽一個靦腆的笑容。

上個星期六在埔里的一場演講會中，出現了一位無奈及憂心忡忡的媽媽向我求救，她不知道怎麼辦？不了解孩子的未來在哪裡？公公婆婆不贊成這麼小的孫子學這麼多，要給他一個快樂的童年，盡量玩到高興，以致小三的他，成績總在後標，基礎打得非常不好。

她尋求在學校當主任的先生支持，想不到又碰上了釘子。先生堅持他以前也是國中開始讀書，一路爬上主任這個位置，自認以自己的程度，能在國中把孩子教得很優秀。

這位爸爸忘了時代背景不同，那時的我們生活困苦，懂得力爭上游努力讀書來改善生活環境；而現在的小孩安逸多了，養尊處優慣了，已不知「刻苦耐勞」為何物了。

演講完之後，這位媽媽告訴我，很後悔沒帶先生來聽。

同一期間，弟弟接受訪問時，被問及上了國中有什麼感想？他竟然回答：「覺得國中反而打籃球的時間比國小多，同學們放學趕著去補習，而我卻趕著去打球。」

問他學習上會有壓力嗎？痛苦嗎？他說：「從小學習根本不知道什麼叫痛苦？什麼叫壓力？也不知別的小孩是如何玩樂？以為別人也像我們一樣認真讀書。」不知不覺中基礎紮得相當深，他忘了以前的痛苦，卻知道現在很快樂。

到了國中階段，孩子有分辨能力了，我的兩個孩子正開始享受著快樂學習的喜悅，而主任您的孩子卻才要痛苦的K書？麻醉藥退了，孩子有知覺了您才開刀，那種痛不更殘忍嗎？如果讓國中生自己選擇，沒有人會喜歡這種痛苦的安排順序。

取法乎上者得其中；取法乎中者得其下。有更好的方式使孩子更快樂學習，為什麼要以我們大人自己的主觀意識，套在無從選擇的孩子身上呢？試問我們現在的教育制度下，有幾個孩子能真正快樂起來的？

專家學者的快樂學習，和我的觀點不同，好多孩子真的從小就玩「完」了。玩的同時，痛苦正不知不覺一點一滴的累積，殊不知欠自己的總有一天還是要還的。

此時我卻想到父親常掛在嘴邊的一句閩南話：

「早做早快活；慢做慢快活；不做你就不會快活！」

真正快樂學習是有順序的！

別剝奪孩子的學習能力

我們急著告訴孩子，
要這樣做、要那樣做，
不放心放手後的結果，
殊不知，
已妨礙孩子思考及練習的大好機會。

每一次的冷鋒加上大雨，我們家門前必定躲著一對母子在室外機底下相互取暖，一年來屢試不爽。這一天很冷，外頭正下著滂沱大雨，我載著兩姐弟放學回到家。

「喵！喵！」

人未到，聲先到。是小貓乞求的哀淒聲。只見牠冷得直打哆嗦，甚惹人憐。我知道牠們餓了。趕緊下車泡個熱騰騰的植物奶加上麥片，不一會兒兩母子喝個精光有力氣跑掉了。太太警告我：

「你完了，以後牠會天天來找你要奶喝。」

濟急不濟貧一向是我的原則，這對母子也了解我的個性，喝完了一餐後就得出去覓食，牠們知道今天是不會出現第二餐了，好天氣時喵喵叫也沒用，這種模式心照不宣，我和貓咪心有靈犀一年了。

有些寵物被飼養久了，放生以後失去了謀食能力反而是害了牠，我們孩子何況不是如此？

在我上一本書《孩子的能力，父母親決定》曾提到，孩子「爬」的重要性，明明他想學習，我們偏偏怕孩子髒，趕緊買螃蟹車，跳過「爬」學會走路後還拍手好棒，嚐到甜頭後他懶得一步一步耐心的爬了。我們剝奪了孩子的學習後，長大卻嫌他沒有毅力、沒有耐性、不夠聰明，到了小學還不會繫鞋帶。

姊姊剛上小學時，我也常犯了這個錯誤，為了成績好看，居然幫孩子加工寒、暑假的勞作，間接扼殺她的創意，難怪現在她會自嘲「創意零」。

我錯了好久，孩子一問我數學，為了省時間，總是奉送答案，掉飯粒或翻倒牛奶，總是跟在後頭收拾殘局，因自己心急沒耐性急著接手，心想教他的時間倒不如自己做更快。

被太太訓了一頓後茅塞頓開，才了解孩子起先慢吞吞、拖拖拉拉其實是一種學習、一種刺激，我不應該忍不住動手，太愛幫助孩子了。

此後我耐住性子嘗試著讓孩子去摸索，以前直接講答案，現以引導方式一個式子一個式子自己學著思考，再想一想。想不到孩子的算法現在比我強多了，甚至可以一步看答案，才領悟到原來放手後孩子可以得到更多，做得更好！

弟弟小學六年級時，導師無意間發現同一家安親班上課的同學，居然習作功課答案完全相同並且滿分，細問之下才知是業者直接給答案照抄，而不是把小朋友教會。我們的社會環境中充滿多少這種只顧眼前的錯誤示範呢？像弟弟打電腦，他習慣不經思考就隨便打一個詞，如果有錯字，電腦還會自動訂正，你想他的錯別字會不嚴重嗎？

我們急著告訴孩子，要這樣做、要那樣做，不放心放手後的結果，殊不知已妨礙孩子思考及練習的大好機會，猶如你幫他畫餅但不能充飢，望梅也無法止渴般，因為成果再亮麗都不是孩子自己的東西。

口說不如身逢，百見不如一試。如果再以自己舊有的主觀意識，一成不變的套在孩子身上，正是愛之適足以害之。殷鑑不遠啊！

接受孩子間的差異

天生沒有四肢的乙武洋匡，
出生後媽媽見到他的第一句話，
竟然是：「好可愛喔！」
於是我學會了欣賞，
姊弟間絕對不要比。

許多不了解我們家的人，總是稱讚兩個孩子聰明，所以成績很優秀，不像自己家裡的孩子一樣那麼難帶。

其實這是天大的冤枉和誤解，說我孩子聰明，我只承認一半。

弟弟天賦異秉、精靈鬼怪，加上我們夫妻對他的潛能啟發得宜，並把握住黃金時期，功課對他而言有如囊中之物，誇張一點簡直是手到擒來，是個不折不扣的資優生。

相對於姊姊就不是那麼一回事了。她好像從小就少根筋，記性也不好，缺乏觀察力，動作更是慢。

她常自嘲為「創意零」，也知道自己創新能力不佳，我糗她「平平」都是ㄌㄧㄥˊ，怎麼差這麼多，人家叫林志玲，你叫創意零？她傻笑以對。

從小學開始，她一個題目可以昨天錯，今天問也是錯，月考一模一樣的題目還是錯。2乘8永遠14，到了國中還是沒改。

去年有一次和太太聊天，並告誡弟弟不能太自傲，不然最後一定慘遭「滑鐵盧」，也順便考考姊姊什麼叫「滑鐵盧」？她不知道。弟弟花了十分鐘，將大概的來龍去脈說給她聽，我問她懂了嗎？她點點頭，我也相信了她。

過了半小時後心血來潮，突然想再試她到底了解了嗎？

「姊姊啊！你知道『滑鐵盧』的主角是誰嗎？」

「我知道，我知道……。」多振奮人心的答案啊！我聽了好窩心，好令人感動。

正高興弟弟的十分鐘沒有白費時，姊姊繼續說著：「不要告訴我，我知道。」

「我明明記得那個叫什麼崙的？」我臉上三條線拜託她。

「不要說，千萬不要說是周杰倫！」弟弟搶先說了這答案，讓我們三人笑到肚子痛了。

今年弟弟上國中了，版本和姊姊一樣。突然他問了課本上的一句成語：「媽，什麼叫鐵硯磨穿？」媽反問姊姊，因為這句成語，去年和她磨了近個月，她才完全了解。但現在她又是一臉狐疑：

「有這句成語嗎？」我和媽媽真想撞牆，一家人也笑翻了天。兩個月後，媽媽聽到電視的一個相關成語，馬上又考她鐵硯磨穿，只見她一直笑的表情，我和兒子都準備要跌倒了，她卻還在想。

哎！一個「鐘鼎山林」可以問一百遍錯兩百次，隨時問，隨時錯，屢試不爽。

其實有這種女兒，你吐血也無濟於事，我們夫妻倆只想儘量幫助她，以正面思考來肯定她，使自己能更有自信，以努力來彌補自己的不足，總有一天「創意零」也會成為林志玲，像她的勞作一樣，這次的萬年曆製作，居然是全班最高分，破了自己的紀錄。

瓜無個個圓；人無樣樣全。這樣的人，你跟她生氣有用嗎？沒用！因為我們也生氣過。調整過自己的心情後，重新耐心面對女兒：

「不會？沒關係，再教一次；今天不會？明天再問。」

媽媽對她曾有連問三周的紀錄，女兒真的是一塊磚、一塊磚，經由父母耐心硬疊上來的，每一刀要砍好多次，她才能有深刻的記憶，錨要一個一個下，隨時抽問才能完全理解。

起先我很不以為然，為什麼弟弟辦得到，而姊姊卻不行？但想起以前外婆常對我說：「把手伸出來都無法等長了，何況是人？」

天生沒有四肢的乙武洋匡，出生後媽媽見到他的第一句話，竟然是：「好可愛喔！」

於是我學會了欣賞，姊弟間絕對不要比，再比真的會比成仇了。

我曾看過一個家庭，弟弟是資優生，父母卻無法接受哥哥成績不好，常拿弟弟來比較，以致自暴自棄，兄弟成仇。

一枝草一點露。這片土地長不出小麥就種花嘛！開不了花？種高粱總可以了吧！總有適合孩子的出口，成為獨一無二無可取代的金門高粱！

孩子被寫聯絡簿

看人不能光看外表，
看樹不能光看高低。
看到聯絡簿不要太早生氣，
問問孩子的看法，找出來龍去脈，
了解事實、解決問題，才是根本之道。

坦白從寬，不實從嚴，是我從小對孩子的基本態度。

他們非常了解我的個性，欺騙被抓到可是要「大地震」的，沒有模糊地帶。

聰明的弟弟從小深諳這個道理，今天放學後故意在大人還沒看到聯絡簿之前，在父母面前先自我爆料：

「媽！我今天被老師寫聯絡本了。」先試探一下媽媽反應。

「喔？做了什麼壞事啊？」媽媽笑笑的反問。

「沒有啊！本子上寫我自習課玩橡皮筋。」

媽媽也沒生氣，只是告誡他下次不可以，不然會影響到其他同學學習，萬一射到眼睛，「代誌」就大條了。

他見大人沒有不悅之色，反而變本加厲的為自己辯護：

「人家又不是玩橡皮筋，是彈紙球啦！」

「還不是一樣；不要跟我玩文字遊戲！」

弟弟不服，因為他認為老師寫的和事實不符。狡辯的結果換來媽媽的大動肝火，狠狠訓了他一頓。

在一旁的我也告訴他，偷一元和偷一百元都是偷，錯就是錯，很明確的表達我的想法。

但其實我是沒有立場這樣說他的，因為我也是這樣一個實事求是的人，不容許有一點瑕疵，就算是一個字也不例外。

在姊姊小一時，我還曾為了證明她到底有無說謊，大老遠載到同學家去對質，對方媽媽還莫名其妙，竟然只為了求證一句話？這就是我。

所以昨日兒子的訴求，今日換我和媽媽討論了起來。

「其實也不能說他錯，他要的是真相、真正的事實。他不是單純只玩橡皮筋，而是以橡皮筋彈紙球。」

「那還不是一樣玩？」媽媽不以為然。

說兒子玩文字遊戲嗎？也不能如此斷章取義。你要讓他知道錯在哪？聽明、成熟的孩子在學習過程中總是吃虧的，因為想太多了。

我們不能以大人的思考邏輯來想當然爾啊！從小要求他不能失真，現在卻因自己的想法扭曲解釋，就算法官判刑，也要根據檢察官的起訴書及正確的罪名，一個字錯就可能整個翻案了，何況呈現的不是「完整」的事實，犯人會服嗎？

如果說他自習課玩會影響到別的同學，以橡皮筋彈紙球更是危險，他會接受的。因為呈現出完整的事實。

兒子在小二時也曾被老師寫過聯絡本，說兒子以小磁磚片丟同學。我看了大為光火，認為此事非同小可，把人家弄瞎了眼怎麼辦？第一個閃過的念頭是兒子怎麼這麼壞？真想修理他。

但了解全盤的過程後，發現老師省略了過程，應該是其他小朋友先丟他，他反擊是本能的動作，這一部分連絡本沒有呈現，我也不服啊！除了警告兒子外，也感謝老師的告知，雖然她省略了一些關鍵的情節。

有些家長放任不管是不對的，有些媽媽看到被寫聯絡簿就抓狂，其實是應該高興才對，問題早浮現才能及早導正。況且孩子也許有自己的想法，表示他很聰明，肯動腦。

姊姊是乖乖牌，聯絡本上從來沒被寫過壞事，老師也讚賞有加，表現真的不錯。但思考能力卻差弟弟一大截，這也是事實。

想起三十多年前的家父，每當鄰居或朋友稱讚我們四兄妹好乖時，父親回答的標準答案必定是：「那不叫乖，叫憨（笨）！」當時我很沮喪、很難過。不過現在自己當父親了，想想也有幾分道理。

看人不能光看外表，看樹不能光看高低。看到聯絡簿不要太早生氣，問問孩子的看法，找出來龍去脈，了解事實、解決問題，才是根本之道。

親子關係的革命情感，就是這樣建立起來的。

客廳一定要大

我們不能決定生命的長度，
但是可以決定生命的寬度。
同理，
我們難以承受大坪數的高價格，
但絕對能夠決定家裡客廳的比例。

我家的客廳對孩子而言，就是書房、運動場。

你家有錢，客廳當然大啊？錯！

所謂的大是比例大，不是坪數大！

我的個人經驗，客廳佔的比例大概是總坪數的三分之一到五分之二，想盡辦法讓客廳變大。它不但是整個屋子的門面，更是一家人的活動中心。而我最在意的是孩子的運動空間及視野。

許多人誤以為我家很大，其實是錯覺。裝潢之初，我就打掉了一個房間，去除浪費空間及走道，那時候孩子才兩歲，所以一家四口擠一間，到現在還捨不得分房。

無形中省了冷氣費，並增進親子關係，有了更多互動的寶貴機會。兒子常利用睡前幾分鐘向媽媽吐露心聲，或數落爸爸對他的種種「霸行」及他的不舒服。

也許你已等不及要反駁我了，孩子長大了，不是要培養他們獨立，應該有私人的空間才對啊？

以分房才有私人空間，才能獨立的理由，卻失去最寶貴的天倫之樂，也是我所不樂見的。

獨立的訓練在於父母的教育，不是房間。房間是閉著眼睛八小時，而客廳卻是睜開眼睛一整天，孰輕孰重，答案很明顯。

另外值得一提的是，可以容納大型的玩具，諸如溜滑梯、盪秋千、電子琴等，對孩子而言，客廳就是運動場，就是公園。孩子的快樂盡寫在臉上，甚至兩姊弟還可追逐、騎滑板車、自行車繞圈圈……。

這是我兩個孩子豐富的快樂童年。大型玩具現在雖然網拍掉了，取而代之的是桌球桌，兒子甚至在客廳裡練習籃球運球，還好住的是一樓，不然早就被抗議了。家裡很大嗎？不到三十一坪。

了解我們家情形的朋友，幾乎都會說上一句：

「你們家好透明喔！每個人每分每秒做什麼事都知道，不像我們家孩子都各自躲在房內做自己的事。」

從小，孩子習慣於沒有隱私下生活，一家四口就是一體，兒子在我們父母的視線下，都敢偷打電腦作怪了，何況一般都關在房間？

如何引誘孩子回到客廳？當然一定要把孩子的活動空間留出來，才可以買多餘的家具。以孩子立場為優先考慮。

在以這種理念之下，我把孩子的書桌放在電視前五公尺，視線很遠、很廣，當孩子寫功課時不經意的一抬頭就是一次眼睛的調節休息，而不是把書桌放在小小的房間面對牆壁，孩子的眼球彈性大，常看近就容易近視，我家的大客廳無形中也救了孩子的眼睛。

惟一的缺點大概是客人來了會佔用到孩子的空間，影響到作息，但我儘量把客人帶出去談，把原本屬於孩子的天地還給他們。

我們不能決定生命的長度，但是可以決定生命的寬度。同理，我們難以承受大坪數的高價格，但絕對能夠決定家裡客廳的比例。

啟蒙，不一定要上幼稚園

走過才知道，
最適合孩子基礎的專屬課程，
需要父母精心設計，
難以外包。

現在，我把孩子的教育當成自己的事業在經營，原本的主業反倒像是副業。不過，「忙」倒是沒變。

「忙」是幸福的，但如果「茫」，可就「白忙」一場了。

有位讀者告訴我，她小二的兒子上幼稚園時好像沒學到什麼？而且很貴！我說，對啊！許多人很驚訝，為什麼我「敢」讓孩子不讀幼稚園？不怕輸在起跑點或無法適應團體生活？

其實也是有這方面的憂慮，但礙於當時生意上被倒了不少，雪上加霜的負債缺口，哪容得我有額外的支出？不是不想讀，而是讀不起。

於是興起了自己帶的想法。除了小一較不合群外，所有基礎的進步都超乎自己預期。因為都是為自己孩子個別量身訂作的課程，進步才那麼快速，而且各科均衡。讓我有一種不期然而然的驚訝！

心急的陳媽媽，昨日買到我的《我這樣教出資優兒》，居然今天就能打電話找我。她說這個疑問懸在心中已一年了，不知該怎麼辦？直到昨天看到我的書後終於茅塞頓開，知道如何走下一步了。

她找了二、三十家的補習班及幼稚園，不是大人不喜歡，就是小孩排斥。看著孩子一天天長大，都三、四歲了，黃金時期都快過了一半，還找不到滿意的方向，基礎都沒有，零到九也教不會。

自己英文太爛，媽媽沒有信心教好自己的小孩，責任是那麼大！另一方面，先生也反對太早學習，上幼稚園又怕互傳感冒常生病。只許成功，不准失敗的壓力接踵而來，終於看到我的書，正好是她所要的解答。

她說，看了一眼就買了，好高興結打開了。這一年來沒人像我一樣的對她分析、解釋這麼多，幼稚園或補習班都是直接叫他們去，但業者是有商業行為，而我沒有對價關係，也許媽媽認為較為客觀，可信度較高。

像我這種人都能自學英文帶小孩了，還有誰不行？這位媽媽整個信心上來了，受我書的影響，決定自己「撩落去」自己帶。

○到九教不會？心急？緊張？聽起來似曾相識。誰會相信以極突出成績又考上資優班的兒子，在小時候就是這樣。可能是阿拉伯數字太像了，筆劃簡單，國字反而一學就會，應不是孩子不專心的結果。

我兩個孩子少吃許多感冒藥，連水痘都還未出。另一位身兼代課老師的讀者很誇張，她告訴我太太，她的孩子幼稚園讀了三天，住院五天，嚇得不敢再讀，所以認同我的作法，考慮辭職回家自己帶，不然三天兩頭發燒、感冒互相感染，醫院像自家的廚房。

一犬吠影，百犬吠聲。大家都上幼稚園，如果我不上好像很奇怪，怕輸在起跑點，怕沒有團體生活，小孩會適應不良，於是跟著大部分人的腳步好像就沒錯。曾經我到一個鄉下地方，那裡的人十個有九個不戴安全帽，使得我這個有戴的人自覺得好奇怪！

但，奇怪並不代表我不正確，拿香跟著拜也不一定是對。

方寸不亂，萬事可定！以前我也猶豫過，也煩惱過。走過才知道，最適合孩子基礎的專屬課程，需要父母精心設計，難以外包。我不想和世俗走同樣的腳步，所以當大多數孩子還在唱唱跳跳時，我們已省下黃金三年完成大部分的課業及才藝啟蒙。

小六前打穩基礎

國中很忙，所學很多，
一定要在寶貴的空間小學裡裝點東西。
尤其在英、數及閱讀方面，
超越個一、兩年是絕對必要的，
也不難辦到。

「早做早快活，慢做慢快活。不做？你就不快活！」

這是家父講了三十多年的名言，這是他人生的經驗談。

十多歲開始就提早比別人努力好幾倍的他，目標是四十歲經濟上能穩定，之後可以做自己想要做的事而不是一定要做的事。

以前周遭親戚朋友笑他那麼拚命做什麼？現在全球這麼不景氣，才知道他是對的。除了稱讚外，就只能留下羨慕的份了。

因為演講的關係，不下十位媽媽向我反應，明明孩子在安親班時，數學成績都很亮眼，為何一到國中完全走樣？英文還不會差很多，數學分數根本不能看，天壤之別。

那是因為你是國一生，補習班當然給你國一的東西。時間的緊湊，萬一遇到瓶頸，孩子就永遠卡在那裡無法消化，沒有緩衝時間當然考不好。思考時間不足，運算不夠。這就是我所強調的要提早一、兩年進度的原因，就算不懂也沒有時間壓力，能夠慢慢研究，是別人達不到的優勢，也是你能一路領先的法寶。

補習是人家給你什麼，你吸收什麼，是別人的東西；思考是自己開創給自己什麼，再慢再不好，也都是屬於自己的結晶。各位看到的是目前，我看的是孩子高中時能不能睡飽。

沒有提前學習的結果，最容易遇到的就是睡眠不足，高中更嚴重，而且不會就是不會。

我兩個孩子能夠在煩忙的國中生活裡，自由、快樂的發揮實力，是得自小學紮實的基礎因素，利用國小大家還沈浸在「快樂童年」的迷思當中，我們已偷跑三年的距離了。

孩子一定要事先給他武器，在戰場上才不會手無寸鐵而綁手綁腳、心有餘而力不足，更不會覺得矮人一截而失去信心。我所說的武器就是打好基礎，就是提前學習。

每一場到國小的演講，我一定提醒家長注意到這點，國中很忙，所學很多，一定要在寶貴的空閒小學裡裝點東西，尤其在英、數及閱讀方面，超越個一、兩年是絕對必要的，也不難辦到。

有些醉心於明星小學的家長，也許會質疑哪有時間？功課都寫不完。其實眼光一定要看遠，有時不要太在意眼前的成績，只要確定孩子整體程度是否進步即可，千萬不可浪費這段黃金時期。

「退步原來是向前！」這是我想要表達的意境。

有些媽媽怕提早學習後孩子會自傲，上課也會發呆無聊，甚至睡著，因為都會了。但這是小學範圍少，到了國高中你不敢睡了。

同樣是在課堂上睡覺，原因恰好兩極，我寧願我的孩子是「會」才睡，而不是因補習而睡眠不足。

萬一沒提前又不認真聽課，落得兩頭空，造成孩子心理上自卑，更得不償失。如果投鼠忌器，什麼事也不敢做。

兩害相權取其輕，我不選「自卑」。寧願他們睡到大學也不要自卑到大學。就算自傲，我會想辦法轉化為孩子的自信。

國中是國小的延伸，而高中又是國中課程的加深加廣。不提前上路就像懶鳥不搭窩，得過且過，真正想要時，可能要花好幾倍的力氣補回來，那為什麼不以逸待勞，先在半路等著？畢竟，小船早開先到岸，笨鳥先飛早入林啊！

當孩子已學會向量、矩陣後再回頭看看二次函數時的那種心情就像我們現在看小學的加減乘除那麼輕鬆、簡單。不能只會提「錢」學習。提「錢」學習是現學現賣，可能會消化不良；提前學習是早已消化完畢，放在銀行還可以生利息。

「問渠哪得清如許？為有源頭活水來。」

我的「活水」？就是「提前」！

媽媽！您心太急了

你只能付出，
不求回報。
如果付出不夠，
卻苛求太多的回報，
就會自亂陣腳。

下午接到一位媽媽的電話。三年級的女兒學了八個月的數學，因為看不到進步，所以退掉不學。妹妹有樣學樣也懶起來了，所以媽媽選擇放棄。八個月就想看到明顯的成長？孩子我已傻傻的帶了十多年了，才有一點小小的成績耶？要不是公立學校不能退，不然我看也是很多人想退掉。

另一位心急的媽媽自己開安親班，但女兒卻教不會，三個星期居然三個單字都背不起來。媽媽大為光火，以打罵代替正常的教育，鬧到無法上學。

原本就動作慢的大女兒，愈打愈慢，連份內的功課都做不完，那敢奢談超前學習？二女兒被打被罵後消極反抗，故意不讀書，所以分數永遠考不好。媽媽很無奈，花了好大的心血，卻得到如此的回報，羨慕別人家的是資優生，隨便考就是很好，自己卻一點辦法都沒有。

在心力交瘁，極端無助下，這位台中的媽媽打電話向我求助。同時她也下一個結論：「女兒不是讀書的料，別人的孩子比較聰明。」

我開門見山的告訴她，孩子到了小二、三你還打她？你應該向女兒道歉。

「啊？我要道歉？」她很驚訝，覺得不可思議。

我斷言她的女兒不但已對英文恐懼，而且還有排斥感了。

「對！她們反抗、叛逆、消極、故意。」

我奉勸這位媽媽心態要調整，身段要放下，換個角度看孩子。「呷緊是會弄破碗」，教育是急不得的，這和我兒子量身高一樣，怕遺傳到媽媽而求「高」心切，有時一天量三次，他常常嘟著嘴，奇怪？怎麼沒有進步？

兩個禮拜後，她告訴我，孩子願聽她的話了，調整自己心態後，她用我告訴她的話鼓勵孩子：

「我們不要跟別人比了。龜兔賽跑冠軍的也是爬得慢但很努力的烏龜，比的是努力、耐力而不是智力。」母女不再呈現劍拔弩張的對立氣氛。

姊姊剛上國中時，幾乎連續兩、三週都在哭。原因是她的速度趕不上心急父母的嘴巴要求。要她快，她居然回答我：

「如果太快會使原有思緒都亂了，反而做不好事。」

我雖然很急，但也只好暗中輔助她，並以較軟的鼓勵口氣：「睡覺時間到了喔！好了嗎？」代替「快點啦！這麼慢！」

她也非資優生，到了國一還不會自己念國文，預習一課要分兩、三天，還不包括成語，我像熱鍋上螞蟻。她也很認真，能罵她嗎？經過耐心的引導，終於在國一下漸入佳境，真正自己會讀書。

弟弟雖是資優生，沒有人想像得到他在三歲時，從〇到九教了半年還是不會，雖然被我兇得很慘，也動用各種撇步，但不會就是不會，我也沒輒。

我們只想大人自己想要的，忽略了顧及孩子的能力及感受，太急躁的結果造成雙輸。孩子信心垮了，大人更是手軟。你只能付出，不求回報。如果付出不夠，卻苛求太多的回報，就會自亂陣腳。

實力養成靠平時，而平時一定是靠時間的累積。一步一腳印，無法一蹴可幾。孩子只要有一丁點兒的進步，我就高興得不得了，因為我秉持著「只問耕耘，不問收穫」的自然。

今天我又影響了兩個家庭。因為放棄的媽媽聽了我的話，兩天後又帶著孩子去學習。

Part 3

別讓孩子輸在健康起跑點

一本書找回孩子的自信

不再自怨自艾，
她決心找尋改變的方法，
縱然是一絲絲的機會也不放棄，
這是偉大母親的天性，
為了孩子，
再大的犧牲都願意。

「媽媽，為什麼我不能看書？」這個孩子滿肚子疑惑的問媽媽。

才小學二年級，就已經散光、近視，隨著年級增加而三級跳，為了不使度數增加，只好禁止她看太多書。

別人家的孩子也許連看個書都要大人三催四請，而台中這位母親，卻限制孩子看書的時間。媽媽很心酸，也很無奈，哪有這麼悲哀的事？女兒是這麼愛看書。

「好可憐喔！五、六歲就戴眼鏡，像怪物！」

「戴眼鏡好醜喔！」

諸如此類的言語，讓這位低年級就戴眼鏡的妹妹好自卑，抬不起頭，信心盡失。被人家恥笑及異樣眼光好幾年，媽媽更是痛在心裡，自責不已！

這位母親憂鬱了好幾年，也不知道該怎麼辦？直到前年買了我第一本書《我這樣教出資優兒》。

媽媽看了我書的封面很好奇，為什麼我的孩子可以不必戴眼鏡，明明書裡寫著姊姊是四百度？

她的疑問使她自己鼓起勇氣，打了這通找回孩子自信的關鍵電話，改變了孩子的一生。

我將孩子戴「塑型鏡片」的流程與她分享，電話那頭的她，除了重燃一線希望外，簡直是如獲至寶，比中樂透還快樂！

那天晚上她興奮的睡不著。好久，她沒笑過了。

不再自怨自艾，她決心找尋改變的方法，縱然是一絲絲的機會也不放棄，這是偉大母親的天性，為了孩子，再大的犧牲都願意。

記得是一個周六，她帶著三個女兒搭火車從台中來台北，我帶著她們去眼科醫師那裡檢查，和我們去的是同一家。

「這很辛苦喔！」我要她有心理準備。

「我不怕辛苦，只要能夠找回女兒的自信和快樂。」

孩子終於不必戴眼鏡，也不必被人嘲笑，可以看更多書。媽媽直呼太幸運了，除了感謝，還是感謝。

連醫生也稱讚她幸運——只因一本書。

一年後我自動撥電話問媽媽孩子的情形，她回答近視控制得非常好，孩子非常快樂，非常感激。聽到如此自己也感到很欣慰，雖然我花了好多時間。樹靠有根，人靠有心。媽媽的不怕辛苦改變了女兒的一生。我自己更從來沒想到，一本書能重還給孩子應有年齡的自信與快樂，還有整個家庭。

因為睽違已久的笑聲又回來了！

幼兒的視力檢查

我兩個孩子很幸運，
目前不必戴眼鏡，
也希望我的前車之鑑，
能提醒諸位爸爸媽媽，
避免重蹈覆轍，
犯我同樣的錯誤。

「近世進士，盡是近視！」這是俏皮話，也是事實；而且我們台灣拿到了世界冠軍。

我和太太都是四、五百度的近視族，遺傳加上兩個孩子出生都照過黃疸，知道孩子大概逃不過。所以很早就有了心理準備「剉咧等」，但能延後到多晚發生，就延後到多晚。我知道自己在和時間賽跑，所以很早就帶孩子檢查眼睛。

那是一段很令人難過的經驗，至今想到還是很心酸，不過很幸運的還是走過來了。回憶雖然痛苦，我還是願意拿出來分享，因為可以救到一些小朋友的眼睛，也能提醒初為人父人母者的疏忽，避免造成日後的懊悔。

第一次做檢查大概是三歲，去了也是白去，因為孩子太小，不會比也沒方向感，回家後馬上買視力表兩種版本一種是指C缺口，一種指E缺口，教會孩子以手指方向及口頭說明上下左右。

從小就教導視力檢查的相關知識，只要孩子能表達，甚至可以提早發現弱視，及早矯正。所以視力檢查愈早愈好。

當初我們一個月檢查一次，我告知孩子如果退步，接下來這個月完全不能看多啦A夢，用意要你們愛惜眼睛，並時時警惕自己，他們也很配合一個月不看電視，我看在眼裡心很酸、很痛。

但一定要有小小懲罰，所以每當量視力表時，兩個孩子有如面臨生死關頭，不時看著我的表情，我自己也很緊張、很自責，如上法庭接受審判，深怕一直惡化下去，對不起孩子。而每一次進步時，他們一定當場跳起來歡呼！因為代表著這個月又有卡通可看了。

但沒有退步也不要高興得太早！當初孩子點了兩年的散瞳劑，除了畏光外，倒也控制了近視，每次檢查都沒問題，以為沒事了，也怕藥水點太多不好，一個月去一次，好煩喔！於是擅作主張，自以為聰明的停了半年再去檢查，不得了，視力只剩零點三。我知道錯了，但散瞳劑怎麼點也回不來。這是自己鬆懈掉的，半年檢查一次？我孩子眼睛就這樣毀了。

教科書上教我們半年檢查一次眼睛，錯！那是對成人而言，對於孩子，尤其小小朋友，一個月都不知飆了多少度了，還半年？半年期間有的已從假性近視演變成真性近視，救不回來了。我兩個孩子就是活生生的例子。所以我建議小三前，一定要維持一個月一次，之後維持一個半月到兩個月一次。

千萬不要到大醫院去看視力，等太久，時間浪費太多。向有經驗的家長，可以打聽口碑不錯的診所，找個信得過的醫生，你會覺得有人情味多了，並且得到你滿意的解答，不會讓人覺得醫生高高在上的權威。

前幾年我曾牽一位阿婆過路，她告訴我近視三千度，厚厚的日本製鏡片，讓我心有戚戚焉！我們都不希望自己孩子是超過六百的深度近視，以致發生視網膜剝離、青光眼等病變，甚至失明。而且近視年齡愈小，加深速度愈快，不可不慎！

以前每一次檢查，對我和孩子而言，都是一場煎熬和恐懼，都還記得孩子怕被扣電視的那種無奈眼神。我兩個孩子很幸運，目前不必戴眼鏡，也希望我的前車之鑑，能提醒諸位爸爸媽媽，避免重蹈覆轍，犯我同樣的錯誤。

誰說近視要戴眼鏡？

賣花人說花香；
賣藥人說藥方。
我不賣花，
也不賣藥。
不鼓勵，更不保證。

近視容易加深的人有福了，尤其是四百五十度以內，都有可能不必戴眼鏡即可看到零點八，甚至一點二。這是事實嗎？不然。

去年某電視台的新聞報導，標題是：「神奇的眼鏡」，其內容為睡前戴著它睡覺，第二天起床拔掉後即可恢復正常。也許有人認為神奇、誇大，但我的孩子，卻已戴了五年的矯正而不必戴有框眼鏡，學校檢查也都正常。原理是利用睡覺時壓平一點眼球，影像即能正常落點。

原本在我第一本書《我這樣教出資優兒》裡就想介紹，但礙於當時還沒正式合法，我隱忍了很久，只輕描淡寫的在近視篇寫上「物理治療」。

眼尖的讀者打電話問我什麼是物理治療，據實以告後，她兩個女兒現在都不必再戴眼鏡了。但它不叫神奇眼鏡，而是「角膜塑型鏡片」。知道原理後，它一點也不神奇。

我的孩子從五、六歲時，就開始經醫師診斷，要點散瞳劑控制近視，很害怕他們太早戴眼鏡被同學笑。但什麼中外偏方都試過了，魚肝油、決明子、中藥……對我們都沒用，只差沒去針灸而已，但還是無法控制度數的飆升。

醫生建議角膜塑型片控制度數，一方面我不相信有這麼神奇，另一方面也不敢拿孩子的眼睛開玩笑，這是置入性的東西放入眼球內，萬一……，老實說我排斥、我很怕，在當時。

到了三上，姊姊拿著學校的檢查報告回來，我看到都快哭了，四百多度，天啊！為了怕她再加深，只好限制她看電視及閱讀，難道書不要讀了嗎？或到了國中破千度呢？我無法接受，當下決定死馬當活馬醫，拼一下也許還有機會。很後悔當初沒聽醫生的話。趕緊帶著小三的她到診所，當天她的人生就有了不同的改變，以後不必再戴眼鏡了。

五年多了，不敢說沒有加深，但總算控制在四百多，借一句女兒的口頭禪：「好神奇喔！」沒有人知道她近視，說了同學也不相信，效果這麼好，破除了心理障礙後，趕快把兒子也拉去配，小二就一百多度的他，到現在也是一百多。

近視不會自動好，但可控制飆上去。但如果還是增加度數怎辦？可能就是習慣問題了，眼睛休息不夠、書桌方向不對、燈光問題、姿勢問題、營養問題……，自己要去找原因。

聽完每一場演講後的媽媽，總有一大群問我這個令她們覺得新奇的東西，連聽都沒聽過。有的好扼腕沒能早點認識我。

女兒隔壁班上有位同學上學年三百度，這學期六百度，好可怕！我只能說我們很幸運。

畢竟每個孩子身體狀況不同，並不是說每個人都適合，以醫生檢查報告及建議為主，自己本身也要有風險概念的承擔。

賣花人說花香；賣藥人說藥方。我不賣花，也不賣藥。不鼓勵，更不保證。只是提供自己的經驗分享，讓適合的人多一條管道。

真的，無誠勿試！不勤也勿試！挺煩人的。但，適合的孩子就有福了。

塑型鏡片的後遺症

寧可備而不戰，
不可戰而無備。
如果目前不需要，
多吸收一則資訊也好，
也許有一天能派得上用場。

正如我們的政黨一樣，對於「塑型鏡片」，在醫界也有兩派對立，而且是完全相反的看法。有的醫生說它違反角膜生理特性，不好，以後也不知會出現什麼樣的後遺症。而接觸過、有實際經驗的醫生，卻又說效果奇佳，就算有問題馬上解決即可。

誰說得對？你如果問我，我會回答：「都對，也都沒錯。」

每個人的狀況不同、體質不同，無法下很正確的定論，這是很「個別化」的東西，別人無權也無能力知道患者會發生的使用突發狀況，就連醫生也無法掛保證。別人的良藥，也許就是你的毒藥。同理，別人的毒藥，也許就是你的解藥。

所以我下了一個最好的註解——要個別討論。

去年的新聞報導中，有一則令人退避三舍的標題：「矯正近視，角膜塑型鏡片，眼內碎成三片。」內容大概是配戴後一個月清洗時鏡片破了一片，之後竟在孩子眼睛內裂成三小片，疼痛不已，醫師緊急取出，還好眼睛沒有受傷。

我們使用五年了，沒有出現這種情形，是品質的問題嗎？也不知道。也許是機率問題。

依我個人經驗分享，可把後遺症分為長期及短期兩方面來談：

短期：

剛開始技術不純熟，或太用力硬拔鏡片，會使眼球表面拉傷，一起床後眼睛有眼屎時，就要小心了，可能已經感染了，趕快點醫生開的眼藥水，並回門診就醫。

偶爾鏡片會掉在床上，可能是沒戴好，弟弟曾掉一次，姊姊掉過兩次，但馬上洗一洗戴回去就沒事了。建議一開始可買個眼罩，就算鏡片掉出來，也不會壓破或不見。

如果戴上去眼睛不舒服，要馬上拔下來重戴。弟弟好幾次喊痛，可能個別狀況或角度不對，或者表面不乾淨。

弟弟從小睫毛倒插，且沒法動手術割雙眼皮，所以每隔一段期間，大概一到兩個月，就要讓醫生拔去倒插的睫毛，不然會磨破眼球表面，他一年大概會來個一次，這時就要停戴了，不然又要感染了。

如果鏡片清洗不乾淨，或個人衛生不好，很容易使角膜感染、眼睛紅腫，所以一定要確保清洗乾淨才行。

一般而言，醫生會要求一個月回診一次，有的父母懶得固定回診，以致無法掌控孩子的整個狀況，等出問題時，事情都很大條了。

儘可能每夜配戴效果最好，如果三天晒網，兩天打魚，建議您乾脆放棄。

較小的孩子晚上會揉眼睛，最好戴個眼罩。

這是長期抗戰，至少八年、十年，度過國、高中的高飆期後再另作打算，中途而廢可能度數增加很快。另外散光太重，效果就較不明顯，一切還是以醫師評估為主。

長期：

我怕常點藥水會不會有後遺症？曾問醫生藥水或保存液含不含類固醇，得到的回答是沒有。

這種鏡片確實違反自然法則，二十年或五十年後有沒有後遺症，誰也不敢保證。但當時我只知道如果不死馬當活馬來醫，姊姊的近視可能現在破千了，這會影響她一輩子。

什麼都有風險，也許有後遺症。要自己決定及評估值不值得去作，就像高速公路常車禍能不上嗎？

我別無選擇，很幸運的我的兩個孩子得到了。

寧可備而不戰，不可戰而無備。如果目前不需要，多吸收一則資訊也好，也許有一天能派得上用場。

但風險一定要自負，也一定要以醫生建議為主。

抗生素的短線操作

就像刷卡及喝咖啡一樣，
寅吃卯糧，
先享受後付款，
達到目的再說，殊不知
可怕的後遺症正在後面等著。

記得孩子小時後一發燒，我們就很緊張，太太總帶去看一位老醫生。開的藥常要看好幾次才能痊癒，覺得很浪費時間。

我喜歡到對面的年輕醫生那裡，看病速度快，幾乎一、兩次孩子就活蹦亂跳了，生意好得不得了。靠口耳相傳，我也是被介紹去的。

太太是護理師出身，每次看醫生回來，一定要檢查藥包，看看醫生開了哪些藥給孩子吃？

然後，她只是冷冷的丟下一句：「短線操作」給我。

經過太太解釋後，我才明白為什麼。一位診所院長說：

「感冒病毒感染，發燒三到五天是能夠接受的範圍，家長擔心燒得太高會把腦子燒壞。其實，體溫超過攝氏四十二度以上，才可能損傷腦細胞，平常的感冒幾乎不會燒到這個程度。況且，發燒可以增加身體消滅細菌或病毒。」

所以她願意花那麼多時間排隊，讓孩子給這位老醫生看。

人體本身是有自癒能力的，感冒或發燒有一定過程要走，濫用抗生素立竿見影的作法已使病菌產生抗藥性，如不改變觀念，以後將無藥可醫。

老醫生有醫德，第一次不會下重藥開抗生素，他會循序漸進，較不會傷身。

反觀這年輕醫生，疾病剛開始就使用抗生素，難怪好得那麼快。這是新手父母的最愛，卻在不知不覺當中傷害了孩子。

我們急著退燒、逛醫院，認定粉飾太平快的就是好醫生。大人缺乏耐心的引導，孩子已不知如何打仗了，完全借助外力的幫忙。就像刷卡及喝咖啡一樣，寅吃卯糧，先享受後付款，達到目的再說，殊不知可怕的後遺症正在後面等著。

以前年輕不懂，看醫生好像在逛醫院。如果感冒好得慢一點，就嫌這個醫生不好，沒有對症下藥，直換到能馬上藥到病除的人選才滿意，以復原的速度來品論醫生的素質。婚後才知道，有可能是藥到「命」除。

目前社會上也瀰漫著一股炒短線的風氣，不願從平常的基本工做起，不管是家長或是學生，只看到眼前。不考的就不肯下功夫，考個作文也要補習，花大錢、一窩蜂找名師，父母還要徹夜排隊搶位置，每個學生為考試而考試，完全以補習班為主。

孩子睡也睡不飽，免疫力下降，考完就還給老師，忽略了學校最基本能力的培養及學習，捨本逐末。

殺死病媒蚊最好的方法，絕不是噴灑藥劑，因為慣用噴灑的七種，有六種已出現抗藥性。應該還是從清除自家室內外的積水容器做起，這才是根本之道。

急就章是要付出代價的，沒有特效藥，只有平時努力，只有基本。

孩子自己帶才安心

擔子愈重，腳印愈深。
愈辛苦，愈要在一起。
不要有了年紀後，
才發現孩子距離我們好遠。

三歲男童，近視破千。一眼八百五，一眼一千一！

這是去年的真實例子。他跟著爺爺奶奶，一天看八小時的電視，以為孩子不吵鬧就好，誰也沒料到這麼嚴重。

虐嬰事件層出不窮，裝監視器也抓不勝抓，如此的「諜對諜」終非長遠之計，找出了證據後也於事無補，孩子已造成了傷害。

現代人雙薪是很普遍的，孩子讓阿公阿嬤帶更是正常。不是不好，而是最好儘量避免，能多早自己接手就多早。

父親曾語重心長的告訴太太，孩子千萬要自己帶，不要假他人手，否則長大後不貼心，容易有隔閡。這是其經驗之談、切身之痛。

我們四個兄弟姊妹，就是由兩個阿嬤輪流帶大，所以現在和父親相處總是缺少些什麼。革命感情？共同回憶？抑或親切感？

「了要親生，地要親耕」。這句古諺很有道理。孩子如果小時不自己帶，長大了點就算要帶，也已非你想要的模式可帶得動了。

忙，是最多的理由，我也不曾例外。

姊姊打從一出生，就留在台南和岳父母同住半年，太太雖不捨，卻也無奈。加上是新手爸媽，也怕自己帶不好，何況當時生意也忙。六個月後接回來，岳母覺得很奇怪？你們就這麼好帶，孩子就黏著我抱？

那是因為她太寵孩子，一聽到哭聲就抱她。我們夫妻倆從不抱孩子，除非不舒服。許多媽媽也都抱怨，明明以前都很乖，在爺爺、奶奶家住一陣子回來後就變了樣，講也講不聽。

在台中的唐媽媽就傳真給我，談及女兒滿六個月時，因經濟因素去上班，把孩子交給阿嬤帶。阿嬤工作忙，一歲半的女兒差點被路人抱走。她只好讓女兒上幼幼班，結果五天不到就被傳染到「輪狀病毒」，住院三天。這麼小就插著點滴，好捨不得。但還是讓阿嬤帶到三歲，直到懷第二胎沒兼職後，才接回自己帶，誰知全盤走樣了。

順主人意，就是好手藝！袮姆讓孩子乖乖長大，不吵不鬧，已盡最大本分，雇主也應很滿意了。

但作為父母的我們，總是想要的更多，想的更遠。孩子吵了，不是塞給他一顆糖吃，這樣便宜行事就算了。我還會考慮蛀牙問題。生的和帶的，考慮層次不同。

真的，我們很難去找一位教養孩子的觀念及模式和我們完全一樣的人，無論是親人或托兒所。想要不後悔，惟有靠自己！至少可以省下一筆不小的費用，也最能符合本身的期待及要求。

孩子不是能長大就好，他們需要更多。除了姊姊出生後半年外，兩姊弟一直待在父母身邊。我們有共同的回憶，聊不完的話題，在學業上更有革命的感情。互相了解、溝通無礙，賺到了親情、健康和快樂，不是以錢財多寡能夠衡量的。

弟弟睡前常在媽媽耳邊說：「我好羨慕你喔！生到一個孝順的兒子，我以後不知會不會像你一樣，生一個這麼孝順的兒子。」

媽媽回答他：「別耍嘴皮子！做到了再說。現在我們照顧你，以後換你們照顧我們了，天經地義。」

「好啦！好啦！以後長大我會照顧你啦！」也不知是真心還是敷衍？總

之，媽媽聽了已夠窩心了。他後面還會加一句：

「我是你們的寶貝『ㄋㄟ』！」好噁心！

自己的期待自己築夢，自己要的形狀自己捏。既然沒有比母乳更適合孩子，也一定沒有比父母親自己帶孩子更安心了，就算不是很好，也不會後悔及抱怨。

擔子愈重，腳印愈深。愈辛苦，愈要在一起。不要有了年紀後，才發現孩子距離我們好遠，有的甚至冰炭不相容，動如參商，只剩下法律名分，其來有自啊！

蜉蝣之命，何其之短！我們一生又何嘗不是？帶孩子雖苦，但牙根一咬也就挨過去了。

孩子的肩頸僵硬

壓力性的肩頸僵硬，
是可以藉由家人互相幫忙解決，
不僅立即紓壓，
亦可省下時間和金錢。
身體的紓壓，決定一整天的活動。

肩頸僵硬不是大人的專利，連小朋友都會覺得肩膀很重，兩眼昏花，眼皮重、嗜睡、頭暈、提不起精神。

因為長期坐在書桌前，如果姿勢不正確，就會發生現代大人的文明病——頸椎酸痛。長期累積下來很不舒服，甚至會影響到學習。

小孩子的自我調節能力比大人好許多，有時不必靠外力幫助就能痊癒，只是時間得拖久一點，但長期下來也會出問題的。

弟弟在小五時，打從一開學以來都快抓狂了。每天電腦前一坐就是三個小時以上，為了趕論文報告參加校外比賽。

除了資優班的這項任務外，每天的例行功課，又要擬三篇演講比賽的作文，還要背誦下來準備應戰，接踵而至的又是月考……

他自嘆，那一段不是人過的生活。壓力大到頭昏、晚睡、肌肉僵硬、肩頸酸痛，在周末時睡再多也睡不飽。

月考的前一天實在受不了，暈眩得無法看書，折騰了近一小時，以為是發燒了。

媽媽幫他鬆筋、拔罐，喝完熱開水後，很神奇的立刻好了九成多，達到立竿見影的成效。他微笑著說：「不昏了。」雖然剛剛還在鬼哭神號。

其實肩頸酸痛也不算是病，但長期下來的累積非常痛苦，甚至產生精神恍忽，注意力不集中。這不是人人專有，發生在孩子身上，我們卻罵他們不專心、不用功，真的很冤枉，非戰之罪。

剛開始也不懂，只要孩子精神不好，就要他們去睡覺，結果睡愈多，愈愛睡，永遠睡不飽。而知道原因的我們，只花十多分鐘就解決了。這和讀書一樣，懂得方法的人很輕鬆，不懂的視為畏途。

結婚之初，來到太太台南家中，就看到岳父沒事就拿著一根不起眼的圓棍棒，往身體各部位這裡搓、那裡滾的，也不知道他在作什麼？

近二十年了，從沒聽他喊過哪裡酸？哪裡痛的？反而是一些年輕人出現問題，也包括我。現在才明瞭，原來一根棍棒也能紓解身體上的不適，促進血液循環。真的就是「欠打」。

不用花錢，不必專業！

這是一種物理治療，也許無法根治，但能立即紓緩眼前身體的疼痛，有心的話，根本不必假他人之手。

我看書時常低著頭，姿勢不正確。像現在寫稿一坐就是四、五個鐘頭，大腦昏沉，肩膀重得無法寫作，幾乎每星期就得被太太「大修理」一次。弟弟跑來笑我，因我直喊：「痛、痛、痛！」

「現在你知道我當時的痛苦了吧？」

「你……給……我……記……住……，下……次……換……你……時，我……一……定……對……你……拍……手……。」

他居然回答：「那我現在先向你拍手，才不會吃虧。」

哎！生出這種兒子！因為他每次必哭，看到換別人了，他就很爽。

弟弟在這一方面算是半個專家了，自己的身體狀況及來龍去脈，大致上摸得一清二楚，只要自己哪裡不舒服，就會拿起棒子自己來，因媽媽曾和朋友學過，功夫一流有職業水準，所以兒子三天兩頭就自動鑽到媽媽懷裡，真是「不要臉」到極點！

電腦族這麼多，肩頸酸痛者不在少數，有時左鄰右舍有人不舒服，也會找太太幫忙，至少可以得到七、八成的紓解。我就跟她開玩笑，景氣這麼差，乾脆來兼個副業好了，一個三百元也很好賺，她說沒體力了。

太太十年前不小心從樓梯直接跌坐在地板，造成脊椎的壓擠常常酸痛，一周不做一次「整理」根本受不了，也非常感謝友人的義務幫忙，讓她「存活」至今，家人也受惠。

壓力性的肩頸僵硬，是可以藉由家人互相幫忙解決，不僅立即紓壓亦可省下時間和金錢。身體的紓壓，決定一整天的活動。太太有切身之痛，願意花時間給需要的讀者諮詢。

孩子的不專心、不用功，一定其來有自，父母應細心找出真正原因，有可能是過敏體質作祟，也有可能是壓力造成，如果父母能多少了解一點，對孩子絕對是莫大的加分。

我只是分享一個訊息給新手的爸爸、媽媽我們的經驗。當然，有嚴重問題一定要找專業的合格醫師檢查。

把握矯正的黃金期

什麼事都有黃金期，
功課的學習也相同，
錯過了，
事倍功半。
甚至造成一輩子的遺憾！

這次的寒假作業中，弟弟必須到動物園一趟，不能免俗的，我們也去排隊看了貓熊，原來牠走起路來是個大內八。

這個場景讓我想起姊姊在一、兩歲走路時，無緣無故就跌倒，雖然納悶，太太馬上帶孩子去看醫生。

醫生笑著要我們去買矯正鞋，就當作「聖誕禮物」。這種鞋子的原理，是在鞋內暗藏鐵片，讓孩子走路時不能意志的外八或內八，習慣養成後達到自然矯正的目的。不過，好貴！一雙法國製的要價兩千多，兩年花了上萬後，女兒終於不必再跌倒了。

常在路上看到大人走路大外八或大內八的情形，就是小時候忽視不在意的結果造成。

走路內八或外八，是不會造成什麼不便啦！只是走路姿勢不怎麼典雅，比較惡毒的還會批評像鴨子划水般，當事人聽了一定不舒服。

最讓我覺得愧對姊姊的，莫過於她的語言表達能力。在五歲時，一位鄰居就警告過我，她的發音不準，一定得馬上看醫生安排矯正時間，不然以後會大舌頭。

當時我以忙為藉口，不信這一套，認為長大後就好了，不知道嚴重性，到現在還在內疚，真的是一輩子的痛。哎！言者諄諄，聽者藐藐！

她在國小時話較少，速度也慢，完全感覺不出有任何異樣。到了國中後詞彙多了，思緒及見聞廣了，說話速度變快後，問題才逐漸顯現出來。

她自承有些音無法在第一時間發出，以致造成停頓形成輕微口吃，還列出排行榜：ㄨ，第一名；ㄧ，第二名；ㄌ，第三名。

「我……我……我……」就是我不出來。

利用暑假我雙管齊下，在等待醫院通知空檔，先找私人語言治療師，雖然心中很明白「會好也不完全」，但總抱著一線希望。

太太笑我「小條不開，開大條」（指時間的花費），治療當然愈小愈好，而且成功率非常高。

醫院一排就是一個多月，可見發生在孩子身上的比例真的很高，以前警告過我的這位朋友，三個孩子就有兩個去治療，把握住黃金時期。據她所言，孩子現在說話速度有如菜刀切菜，快又不會跳針！

兩個月後，女兒雖無法完全避免，但至少有些微進步，也更了解自己，知道還要多多練習才行。像藝人康康自承小時「臭林呆」，口齒不清，講不清楚。康康的媽媽說：「我們講慢一點，人家就聽得懂。」想不到講話慢，現在卻成為主持的一大特色。

日前弟弟常頭昏、胸悶，無法有效率的把功課完成，有時心臟也會痛。媽媽直覺是脊椎移位造成的壓迫，經她不甚專業的手及眼睛證實判斷正確，真的歪了許多。

到了整脊師那裡，果然第三節走位，並且意外發現他是扁平足。養了十多年的孩子，到今天才知道。難怪最近一直喊這裡痛、那裡痛，他還沾沾自喜以為是生長痛。

他的活動量大，嗜打籃球，整脊師警告他，因腳著地的受力點不對，如果不好好愛惜，膝蓋只能用到三十歲！甚至膝蓋要開刀，因為負荷太大。

除了隔代遺傳外，太早學會走路也是原因之一。我和太太並非是扁平足，而且孩子小時甚晚、甚少坐螃蟹車，大部分都是放在地上爬，增加腦部的發展，應不致於是後天因素。

現在的補救方法，只能訂作鞋墊預防錯誤活動著力，買硬邊的籃球鞋固定，只怪自己年輕時不懂，錯過了十二歲前矯正的黃金時期，不然接受刺激的話，足弓的弧度是有機會改善的。如果再輕忽，有可能脊椎側彎或腸胃也會出問題。

但，我發現得太慢了……，只能徒呼負負了。

年輕時不懂也沒注意，所以弟弟的扁平足我較能接受；但對於姊姊「說話的藝術」，就一直無法原諒自己了，心中充滿了痛及懊悔，內疚也跟著一輩子揮之不去，明明都有人警告我了。如果能夠重來，我一定會像當時矯正她的外八那麼積極，不再「鐵齒」了。

這樣的自曝「家醜」，姊姊強烈反對，堅決要刪除此篇，不然的話不是等於昭告天下，她心中好不容易隱藏多年的秘密？而且班上同學及老師一定也會知道……，她無法說服自己。

媽媽花了好長時間的曉以大義，自曝是為了幫助更多的人不要重蹈覆轍，這是大愛，這是無私！犧牲是值得的。陷入天人交戰好多天的她，心中之掙扎及無奈可想而知。

終於，她痛苦的答應了，能認同及接受媽媽的話，展現自己偉大的胸襟氣度，重新面對同學及老師。還好，她自己的毛病已改善了不少，不說別人也很難發現。

說出自己痛苦的回憶，是希望我的疏忽、不在意，不要再發生在各位孩子身上，每個孩子都健健康康，每位父母都不再有後悔。希望我們的痛你們都沒有。

時過然後學，則勤苦而難成！什麼事都有黃金期，功課的學習也相同，錯過了，事倍功半。甚至造成一輩子的遺憾！

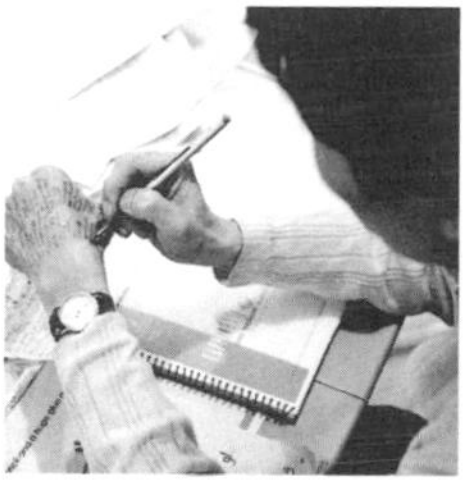

Part 4

生涯規劃越早越好

救一個，算一個

這一天，我自己也亂了。
雖然會排擠到工作及睡眠時間，
但每一通電話我都珍惜，
更以視病如親的心情，
回答每一個問題。

從小學開始，我和太太一直給孩子一個觀念，同學功課如果不懂問你，一定要負責教到會，不能推辭。他們絕對有自己或家庭的難處，不可藏私，不要怕對方贏過你。

放學回來，姊姊得意洋洋的提及三位同學為她吵架的事。下課短短的幾分鐘，同學不約而同拿著考卷，攔著她問數學及理化。第二位罵第三位：

「喂！你不要插隊啦！我先來的耶！」

第三位催第一位：

「你不要問那麼多啦！我也要問耶！」

大家都笑到上課。也有人預約明天早自習。

姊姊在班上的人緣超好，不是沒有原因的。她聽了父母的話，樂於幫助同學，教到自己沒時間複習自己的功課也不計較。

有一次問她的人還考贏她，但她也不以為意，反而告訴我，她的那一群死黨這次段考數學都考九十多分，全是她教的喔！好有成就感。

她願意花時間幫人解惑，這點倒是遺傳了我，頗有乃父之風。

許多生意圈的朋友，以為我含著金湯匙長大，一路平步青雲到現在，不知道我曾有過一年行屍走肉的憂鬱症。

好大喜功的我，在二十六歲那年買車、買車位、買房子，一口氣貸款甚多，超過我的負荷，以致形成白天工作，下班十點了還在到處借錢，第二天常常三點半前還在湊，更嘗盡了無數被拒絕的難堪，面臨無助、悲觀、苦悶的窘境。

醉過方知酒濃，傷過方知心痛。這一年讓我體會到如何以同理心體諒別人的苦處。

每當讀者或曾聽過我演講的爸爸、媽媽來電，我都不會急著掛電話，直到對方滿意為止。耶？你不是很忙？怎麼可能？我告訴你，對你說忙的人就是藉口，就是拒絕，就是不願意。願意的人，可以少睡一點、吃快一點、少看一份報紙……。犧牲一點可以多救一個家庭，我願意作。

前天都要出門辦事了，忽然接到上個月在內湖西湖國中演講後，跟我聊天的一位無助媽媽，聽得出來她的興奮與感動。

因為我親自接了她的電話。她好多次打了一半又把話筒放回去，心想一定是語音，人家那麼忙，怎可能接你電話花時間回答你問題？結果我花了九十分鐘，跌破她的眼鏡，傻事是真的有人願意做的。

聞君一席話，勝讀萬卷書。她笑著感恩，重燃一線希望。

這一天，我自己也亂了。雖然會排擠到工作及睡眠時間，但每一通電話我都珍惜，更以視病如親的心情，回答每一個問題。讀者、聽眾建議我可以當一位稱職的心理醫師，常常打來的是絕望灰色、徬徨無助的語氣，經過我的誠懇解釋後都以快樂驚訝、希望笑容的掛上電話，互道加油！

好茶一杯動心涼，好花一朵滿園香。何必吝於自己的付出，勿以善小而不為啊！許多想不開的人，只是欠缺一份關心而已。

救一個算一個，我不嫌少；也不會急著掛電話。

何不回歸家庭教育？

把教育問題丟給學校、丟給補習班是最錯誤的思維，一切還是要回歸家庭。還好我失業，才能走入家庭，孩子才能夠如此優秀。

蹲下其實是為了跳得更高，後退如果是看成助跑，也是值得稱讚。

目前大環境不好，許多家庭成員面臨裁員潮，心情異常「鬱卒」，馬上面臨的就是經濟上的壓力。

雙薪當中，如一員能維持家中開銷，另一半失業我反而要恭喜，不管是爸爸或媽媽。有時你走得太順暢，不懂得停下腳步為孩子及整個家庭做規劃，那是很可怕的。正如生過病的人都知道，上天要你靜下來思考，痊癒後的人生反而更美，因為懂得珍惜。

社會上對於家庭教育這一環，只是嘴裡說重視，實行上每個人都因忙碌而放在一邊，何不趁此機會走入家庭呢？也許你會反駁：「孩子的教育費、補習費、三餐、車貸、房貸都要錢，不工作怎行？」你沒想到的是走入家庭後，許多費用是可以省下來的，只是拮据點罷了。但是賺到了孩子，賺到了親情，賺到了家庭幸福，這些都是金錢買不到的。大前研一更是提到，投資金錢，不如投資更多時間在孩子教育。

以我「失業」十多年的經驗，也被笑了十多年，一個大男人帶孩子？許多人無法接受。但，誰說失業不好？看你以什麼角度看待，雖然少賺一份薪水，我得到更多，原則是以能活下去的最基本開銷即可，一切開銷重新洗牌、重新調整、重新出發。

一切從簡，孩子自己帶，自己教基礎教育。幼稚園雙語的我讀不起，所以放棄並決定自己「撩落去」！

以自己的腳步走，哪裡便宜哪裡去，兩個孩子我一個月省了兩萬多，孩子的基礎卻出其的好。

孩子的基礎好，國小不必到安親班，國中不必補習，兩個人一個月至少省下一萬元及時間，還有來回的油費，還學到如何自主學習，如何動腦克服難題，最重要的是成績不比補習的人差，睡眠又充足，何必當可憐的鑰匙兒？

從小和孩子長期相處，我們彼此了解，彼此貼心，我賺最多的就是親情、愛情還有幸福感，全家人有在同一條船上的革命感情，誰也奪不走，體會到人生真正意義，沒白來這一遭。

三餐外食，貴又不健康，現有人料理熱騰騰的飯菜，變化又多端，經濟又實惠，想吃什麼吩咐一聲，最主要的是衛生看得到，一家人長期的健康，就賺到不少了。

把教育問題丟給學校、丟給補習班是最錯誤的思維，一切還是要回歸家庭，M型的班上成績，即可看出其家庭教育用心程度差別。

白米不煮不成飯，芝麻不壓不出油。上蒼裁你員，你失業一定有祂的道理。事有成有敗，天有陰有晴，其實月蝕是更明，危機就是轉機啊！就看你怎麼解讀了。

也許換個角度你會很陽光的，不再憂鬱。你會和我一樣的想法：

還好我失業，才能走入家庭，孩子才能夠如此優秀。

我只能說，塞翁失馬，焉知非福！

失志比失業更可怕

沒有當初的「慘」，
也不可能有今天的我在這裡寫書。
對於曾倒我債的人我都感謝，
謝謝他們成就了我，
今日的失業就是明日的感謝。

最近基隆的八斗子很夯。聽說要去釣個魚，太晚去還擠不到位置，是因為這波失業潮所致。

也許你可以早一點去佔到位置，你也可以釣到魚，但卻永遠無法改變你為何失業的原因和事實。

忙的時候推拖沒時間好好陪孩子，老天爺賜給我們機會時，卻以釣魚打發來自我麻醉。何不利用這段期間看看孩子一天作息到底做些什麼？趁機好好了解孩子？

失業算什麼？當時我比失業還慘！失業只是沒有收入而已，我還負債跑三點半、借款付利息。灰心之餘想轉行轉不出去，連翻開報紙找工作的資格都沒有。

國中學歷的我能作什麼？手無搏雞之力，文書不行，粗重的也不行，坐以待斃嗎？實在想不出更好的出路了，想起了萬般皆下品，惟有讀書高。

我任自己最失意時，把所有的時間給了我的孩子，走入家庭，走入教育。我的缺點昇華為孩子的優點。

那一年，我好不容易經營起來的事業差點垮了。

好巧！都發生在同一年，為了幾筆七位數。對於我這個沒有人脈的人而言，那是一筆天文數字。不順遂的恐怖接踵而來。

我算是少年得志，對於朋友有難絕對慷慨解囊，眉頭也不皺一下，從來也沒有還不還的問題，個人也堅信人性本善，有借一定有還。

開業大概滿十年左右，借錢的人突然增多，可怕的是我不懂得拒絕，簡直到了來者不拒的地步。連平常不熟稔的鄰居一通電話，就是近七位數。我不忍心他三點半都快跳票了，雖然太太和我大吵一架，還是阻止不了我的惻隱之心。

於是借錢的借錢，作保的作保。不夠借時還向銀行求救，結果：利息，我付；錢，別人在用。

最後，朋友、親戚、客戶相繼出事，我這個「呆人」不但錢飛了，連房子都岌岌可危，不保了。

正離狼窩，又逢虎口。這還不是最慘的，悲劇才剛開始。

當時和一家廠商的契約也出問題，因雙方認知有差距，我也不想爭了，自己認賠了事。又是七位數。

人說屋漏偏逢連夜雨，水急又遇打頭風。哎！我是舊創未復，新傷再起！

這一天都快三點了，突然接到銀行電話，簡直是晴天霹靂！又是一筆七位數的缺口。不會吧？落井下石，連我最信任的親人也來「摻一ㄎㄚ」？明明答應要延票的！或許他也怕我。

一連串的打擊，很喪志。那一段日子夫妻倆終日牛衣對泣，沒有笑容。每天過著縮衣節食、「儉腸捏肚」的日子。

房子快賠光了，怎麼辦？打落門牙和血吞，日子總要過下去。突然間我發現朋友都不見了，像瘟神一樣，大家唯恐避之不及。哎！花開蝶來，花謝蜂去！

專家都說對抗不景氣、不得志時，就是投資自己，惟有提升競爭力，才是永續保值的最佳方法。

在最窮困潦倒的時候，我選擇了回家帶孩子省開銷，投資孩子，伺機而動。想不到無心插柳，意外的投資到自己。

失業不可怕，可怕的是自己走不出來。現在失業的人很多都是學歷很高，至少還有一技之長。當初的我，什麼都沒有，什麼都不會，我告訴自己，絕對不能倒，孩子才剛開始，就算不為自己活，也要為孩子振作下去。這信念支持著我走到現在。

沒有當初的「慘」，也不可能有今天的我在這裡寫書。對於曾倒我債的人我都感謝，謝謝他們成就了我，今日的失業就是明日的感謝。

悲傷憂愁，不如握緊拳頭。可以失業，但不能失志。老天爺是安排你像我一樣，要你好好的來栽培孩子啦！

分數，不是生命的全部！

我對分數看法的改變，
孩子也跟著變。
他們不必再為父母讀書。
學習態度是我的標準，
盡力是你們的滿分。

「如果老師改錯，也不必去改回來！」

這是兩、三年前兒子同學的媽媽交代孩子的話。為了擠進前三名，居然教導孩子不必誠實。

君子愛財，取之有道。去年的一次段考，姊姊自動上台更改分數，本來贏零點五分，改了卻降了一名，她一點也沒有掙扎。全班拍手叫好，她也好驕傲、好高興，但後來才知道，原來大家不是拍她誠實，是拍她分數被扣了以後，表示全班都進步了，不會輸太多，甚至有機會贏。（同學們喜歡開玩笑，是真的稱讚她。）

半分掉了一個名次，很難過但不後悔！

老師改錯在所難免，也正好測試同學的誠實度，而姊姊已自動被扣好多次了。回到家也得到父母的大力讚賞，她不僅誠實，勇氣更可嘉！

判斷一個孩子的優秀與否，初為父母者很容易陷入從分數上認定，造成子女認為是為父母考試，考不好就往補習班送，自己不願多花時間陪陪孩子，完全不知道孩子有什麼學習上的困難，一方面也是大人的虛榮心作祟，成績就是一切。

教育不是只有分數，如果操行不好，出了社會又如何？最多不過是兩腳書櫥、不辨菽麥之輩。能力、態度、品行還是決定一切。

去年有一天下大雨，我去接孩子放學，姊姊從校門口淋著雨走出來，我很生氣。明明書包裡面帶著雨衣。

「為什麼沒穿雨衣？」我快破口大罵了。

「我知道你機車裡還有一件，走到這裡我只淋一小段，但那位同學走回家要淋很遠，所以借給同學了。」聽了我很感動，也很驕傲。

她這麼善良，難怪人緣這麼好。她贏了！考得好，考得不好又怎樣？她已超越自己，超越我了。連我自己也做不到，我很欣慰，無話可說，這就是教育啊！這時分數又代表什麼呢？

我自承在孩子三、四年級時，也陷入這個迷思，對分數很敏感，對孩子更是嚴格要求。考不好就是不認真，沒有理由。

於是，孩子分數高就獎勵，分數差就懲罰，重賞重罰之下發現孩子患得患失，壓力甚大，不是真正的快樂學習。

幸好，我發現的早，趕緊急踩煞車，改弦易轍後，把兩個極端淡化，不以分數論孩子，現在我看的是「態度」二字。

姊姊國中有一次歷史破天荒考四十五分很難過，媽媽怕她太傷心，還安慰她說：

「沒關係啦！那表示今天學得很多、釐清很多觀念啊！」

晚上睡覺時，她告訴媽媽總分和媽媽的身高一樣：一五〇，我的天！換算下來是三十多分。

她已很認真了，怎忍心責怪呢？

隔了一天，弟弟數學考了滿分卻被媽媽罵，因為輕浮、驕傲、不認真，態度上出了問題。他被罵得很納悶，姊姊四十五分沒事，他考滿分還被罵。

曾經我為了一、兩分向孩子要分數。直到有一次，姊姊犧牲複習明日的期末考，隨著我去演講兩個小時，雖然她只拿起麥克風十多分鐘，但對她以後的人生經驗有莫大幫助。

大家知道她的勇氣後，響起一陣熱烈的掌聲，畢竟是她和我第一次心境上的重大突破。

父母太過於重視分數，容易扭曲孩子的價值觀，甚至作弊、說謊、偷分數，為了迎合父母的要求，無所不用其極，一切旁門左道，無所不為。如果要求過於嚴格，壓力大得讓孩子喘不過氣，難免造成人格上的偏差，也非父母所樂見。

我對分數看法的改變，孩子也跟著變。他們不必再為父母讀書。學習態度是我的標準，盡力是你們的滿分。

我不怕苦

現在雖不再有養兒防老的觀念，
但不好好教育孩子，
將來你要「養老防兒」時，
就別後悔我沒先提醒你。

是經濟景氣冷颼颼？還是工作難尋？都不是。是不願放下身段、委曲求全，更不願吃苦。

台中著名的成衣街——天津街，整條街居然將近四十家服飾店在徵人，月薪兩萬五起跳。但因工時常超過十小時，最離譜的，有的商家已徵了半年。工時長乏人問津？找不到人？其實比以前輕鬆多了，待遇也好許多。以後有需要的話，我會去。因為我不怕苦。

我看過一篇報導，一位一百三十公斤的超級大胖妹小綠，不計形象，扮醜、教舞、端茶，身兼七職月入六萬，是剛踏進社會的大學生薪水兩倍多，她怎麼辦到的？三個字：不怕苦。

那些有父母罩著的宅男腐女，寧願家裡蹲，也不願出去闖一闖。他們不是草莓族，因為草莓都還長在田裡，他們應該算是果凍族吧！這倒讓我想起了一句話：「要做牛，不怕無犁可拖。」因為還有家產可吃，不必做牛！

好巧，最近的一次學測的作文是「逆境」，居然許多高中生不會寫，因為從來沒遇過，自然不知道什麼叫逆境？養尊處優下的孩子，不景氣下連爭氣都不要！

這樣的結果是父母養成的。

我本身就是成衣批發出身，知道其中的辛苦，但「吃苦當作吃補」一直是我的信念。

三十年前，工作條件比現在嚴苛許多。我一天十二小時班，開門、掃地、摺衣、點貨、搬貨、寄貨、送貨、打烊、招呼客人……，還要外出收帳款，都是我的責任範圍。除了忙，還是忙，工作量不可謂不大。連吃個飯也是站著，晚上睡覺更是睡在工作桌上。

年關近了更可怕，前兩個月是不放假的（當時月休兩天）。有一次我居然工作，「站」了十八小時，一人當兩人用，蘿蔔腿就是那三、四年站出來的！也曾被罵到哭，但從不曾考慮辭職。

我的月薪多少？起薪三千。

這本書，寫作時間確實是延遲太久了。會一直拖的原因，老實說，我這個心理諮詢師，花了好多時間在演講及讀者身上，包括在路上的婆婆及媽媽。太多人勸我要限制電話時間，但天生的雞婆個性，真的放不下手。

我從小被拒絕太多了，了解那種痛，所以每次總能把心酸、無助，甚至絕望的媽媽，讓她們笑著掛上電話，這點讓我很自傲。雖然有時花上一、兩個鐘頭，少睡一、兩個鐘頭。

社長怕我太辛苦，提醒我不要因此影響了寫作，他說：「西裝一次就要做好，不然穿著西裝改西裝就麻煩了！」

但我回答得很順口：

「我不怕麻煩！」

人一能之，己百之。社長聽了拍拍手。

本書為了求真求實，字字句句錙銖必較。我的第一位讀者是太太。她看完先修一次，修完我又修一次，每一篇文章至少如此來回四、五次，有時她還叫我整篇重寫，那真是苦啊！當她很不滿意時，就會向我嘀咕：

「還是人家社長說得對，穿著西裝改西裝還真麻煩。」

雖然這時咖啡不離手，眼睛不聽話，但還是很努力完成自己的使命。

經過一次又一次的來來回回，太太的口頭禪已從「這領（件）西裝真難改」到「這領西裝卡好改，沒這大ㄕㄨ（沒這麼難改）」。但有時她也會自戀的說：「這領西裝改得真好！」

於是我揶揄她：

「對嘛！西裝就是愈改愈水（美），不要成天想著不改西裝啦！」太太哈哈大笑，因為我們兩個每天就忙著修改這領「西裝」。

不敢說最好的，但我敢說我很盡力、很用心。

現在雖不再有養兒防老的觀念，但不好好教育孩子，將來你要「養老防兒」時，就別後悔我沒先提醒你。

不怕少年苦，但求老來福。我很辛苦，有點痛苦。但我不怕苦，而且樂在其中。

小六生的最後一個暑假

為什麼孩子願意在同學玩樂時認真呢？
因為他們算過：
辛苦三、四星期，
換來二十週的快樂太划算了，
又不必補習，
達到了真正的快樂學習。

「水可淹過嘴，不可淹過鼻。」

價格要訂在嘴與鼻之間。

如果能爭取成本比別人便宜四元，那麼價錢就要比別人便宜兩元。這樣一來，別人賠兩元，我們還賺兩元。

這是奇美許文龍先生的價格策略。

他用在生意上；我用在功課上。

我們利用假期多下四分的功夫，開學後可以比同學輕鬆兩分，結果還贏人兩分，這是我兩個孩子能夠真正快樂學習的主因。

弟弟的一位同學告訴他，本來上國一前的那個暑假，要好好的把生物讀一次，哪知電腦這麼好玩？

開學後，他總覺得時間好趕，無法細嚼慢嚥。囫圇吞棗的結果，成績不是很滿意。早知道就聽爸爸的話。

這種情形在前一年我們家就發生過了，而且更嚴重。

我曾口頭向姊姊分析，是否該利用暑假預習一下國中課程？畢竟和國小不同，內容份量都加深加廣。

但她看同學每一個都沈浸在幸福、快樂的氣氛中，好不容易第一次畢業，要求我這個暑假讓她「鬆」一次。

我答應了，所有課程都「放輕鬆」。她真的快樂了兩個月，不想看教科書。

開學了，她的龜速趕不上學校的進度，緊張、責任心重、自我要求太高下，壓力突然間變得好大。她不承認！

但身體狀況說明一切：肚子連拉兩個禮拜，一學期發燒三次！免疫系統已出現嚴重問題，暴瘦三、四公斤，連睡覺都磨牙、拳頭緊握。

弟弟看了嚇出整身汗：

「以後我暑假就要開始了，不要像姊姊那樣……。」

她自己嚇了一次後，以後也不敢再要求「鬆」了。寒假時天氣那麼冷，她總是自己撥鬧鐘，七點準時起床看完生物，開學前就把整冊看完了。今年更進步到把數學、理化手冊都寫完，英文每天讀雜誌，等於開學後，只剩兩科而已，她當然讀得比別人輕鬆。

經過腳步的調整，姊姊已能駕輕就熟，並可超前老師所上的進度。真的應證了書到用時方恨少，事非經過不知難！

「要延長白天的時間，最妙的辦法莫如從黑夜偷用幾個鐘頭。」英國的狄更斯這麼說。

同理，要延長上學後的睡覺時間，最好的方法就是在寒暑假，先把時間存起來，提前偷跑。

她逆轉勝的關鍵，就在寒暑假。

今年，連到台南過個年，她都要帶著理化手冊。她說少了那幾天，進度就慢了。

為什麼孩子願意在同學玩樂時認真呢？因為他們算過：辛苦三、四星期，換來二十週的快樂太划算了，又不必補習，達到了真正的快樂學習。

去年中某一天我不在，一位住台中的媽媽打電話來，因她女兒社會科每次都考得不好，現在有點排斥，也不知怎麼辦？太太回答她：

「你可以陪她一起讀，現在暑假到了，兩個月專攻社會，把下個課程全讀完，自然就能融會貫通，多的是時間消化，等成績進步時自然有信心而不排斥。」

「對喔！我怎麼沒想到？」

許多孩子到了放假就心浮氣躁，想要輕鬆。哎喲！幹麼那麼辛苦？

我們看的不是寒暑假的辛苦，而是想到開學後的快樂。

成就取決於努力與能力

我始終相信：
現在及未來，
靠的是努力揮發實力；
學歷，
只能代表過去。

「啊？國中畢業的人也會寫書喔？」

這是一位老師對俞老師，說出對我的驚嘆與懷疑。

由於連續兩個月，我和孩子出現在功文的月刊報導，其他老師都會和俞老師聊到我的故事，也稱讚怎麼這麼厲害？把孩子帶成如此傑出，一定是背景和學歷不錯，才可能辦得到。

「你錯了，這位爸爸才國中畢業，但現正忙著寫第三本書及演講。」

不認識我的這位老師大為錯愕！

兩、三年前曾帶著孩子，參加鄭弘儀先生及吳淡如小姐的節目，閒聊當中鄭先生大力推崇吳小姐是北一女第一名畢業的高材生，反而吳小姐很謙虛的對我們說：

「第一名有什麼用？還不是輸給農工畢業的？」（不知是否指鄭先生，當時我沒求證。）

這一段話引起我深思至今，學歷與能力，孰輕孰重？

這段對話同時也影響了我對兩個孩子未來的教育觀念。

台中曾有位大學生愛上小學畢業的養女，家人極力反對，同學也勸他不要自毀前程。

養女深知社會的眼光歧視。為了彌補和先生間的差距，婚後積極補學歷，一路讀到高職，考上遊覽車隨車人員，甚至自修學畫兩年即獲得台中縣美展國畫首獎，成為漸有知名度的畫家。

大學生滿街跑，多如過江之鯽；小學畢業的養女畫家，卻只有她一個。她深信只要有毅力，每個人都可以靠努力改寫自己的命運。事實證明，她做到了，終結眾人歧見、不搭調的眼光，得到人家的肯定及祝福，現反而夫以妻為貴。

這個情節有點像當初太多人質疑太太為什麼那麼勇敢？敢嫁給一個國中畢業的先生？其實她看到了我的努力，當時正苦讀英文。

國小畢業歐巴桑，英文名師；國小畢業OBS，投入壽險業，年薪破百萬；知名的比爾．蓋茲，大學沒畢業，卻創立影響全球的「微軟」……太多太多證明學歷不是全部。

結婚之初，太太曾對我說一句話：

「雖然你沒有學歷，但如果有一個空間讓你發揮，你會做得比別人都好。只是還沒有人發現你，欠缺一個伯樂。」

其實我自己心裡很清楚，沒有文憑但一定要努力。我是很認真負責的做好每一件事，也相信總有一天會闖出屬於自己的一片天空。

想不到賞識我的太太是第一個伯樂，第二個是文經社的吳社長。

沒有能力，伯樂再多、機會再多、學歷再高，也是枉然。

我始終相信：現在及未來，靠的是努力揮發實力；學歷，只能代表過去。

你選升學率，我選人文氣息

這世界上只有父母與老師，
不會嫉妒孩子的偉大成就，
在這所學校，
我看到了。

姊姊小學同屆的畢業生，沒有人和她同校。原因不外乎大家不是選擇升學率高的明星學校，就是選擇方便的在地國中。我不希望孩子背負著第一的光環而壓力太大，選擇了機車七、八分鐘能到，更重要的是沒人認識我們的學校。

當初我打了四通電話給四所國中，其中兩間是明星國中，愛理不理的，也不解說學校特色及優點，一副我也不缺學生的口氣，聽得出來急於掛掉電話。好巧，我們也不缺學校。

另兩所相對而言不是那麼熱門的國中，非常客氣、認真誠懇的解說，更希望我們加入他們學校的一員，我很心動，並暗地調查。

最後會選定忠孝國中就讀，關鍵在於教務林主任接的電話，親自解說三十多分鐘，我稱讚她是第三種人——誠懇。她居然說學校不只她，上至校長，下至福利社阿姨都是這樣，校風就是如此。（那是我的個人標準：認識你的，阿諛奉承是第一種人；不認識，所以不想理你是第二種人；雖不認識卻也對你很誠懇，是第三種人。）

為了證明我所聽的是否真實，我跑到學校內的福利社購買笛子，故意向福利社阿姨抱怨為何不統一購買，我就不必大老遠跑一趟。明明不是她的錯，居然也連忙道歉解釋，連我自己都不太好意思。另一方面也透過關係，請教在校優秀同學及家長對學校的看法。

有些家長欠缺考慮，小學讀資優班的孩子，並沒有繼續選讀有資優班的國中，只想到升學率，只想到明星國中，使得資優教育中斷，甚是可惜！有一位媽媽更是向我吐苦水，看到一所學校有人基測滿分，也盲目的跟人家一窩蜂跑去讀，現後悔不已！學校裡除了一個滿分外，其他的全都「二二六六」，和當初預期落差太大，同學有疑問，老師也都推說沒空，而自己卻能準時回家，和我們的情形大相逕庭。也許這叫「落車頭，無探聽！」（下火車站沒打聽）

愛發問的學生是值得鼓勵的，也許有的老師會覺得很煩，尤其像弟弟的問題，連我自己聽了都頭痛欲裂。還好，當初的選擇是對的，不然的話，沒有教育熱誠，早就被我兩個孩子氣死了，想不到還有好多認識及不認識的老師理他、關心他。

有一位數學老師，甚至還留家裡電話給小六的弟弟，一位英文老師已不教姊姊英文了，還不時關心她；理化老師也一直問姊姊有何疑問……。諸如此類，不勝枚舉。

上國中的弟弟，中午便當常無法吃完，因為他要用時間教同學功課，我開玩笑說這種教學法叫做「人飢己飢」。不過孩子的胸襟是偉大的。他不藏私，是因為老師們也是這樣對待他們姐弟的吧！

有好多老師課輔上到第八節都很了不起了，有的還自願花時間把學生留到第九節，這是真心奉獻、熱誠教育。

行要好伴，住要好鄰。學習又何嘗不是如此？

這世界上只有父母與老師，不會嫉妒孩子的偉大成就，在這所學校，我看到了。

「就近入學」的大原則是沒錯，但如果真的不是很滿意，次近的優質學校更理想。只要不要太遠，影響了睡眠。我看上的絕對不是只有升學率這件華麗外衣表象，人文氣息更重要，那是一輩子的資產。

我特別提出來，是因為又見到傳統熱忱的那份真及無私。你們太棒了，忠孝的老師們，不只是福利社的阿姨，當然也包括校長。

缺點，也可以變成優點

每天放學等孩子是很煩的，
但我必帶書去看，
很成功的把煩躁無聊時間，
轉化為愉快的欣賞，
就像我等紅燈背英文單字一樣道理。

從小，我那兩個孩子就很奇怪，吃飯好慢。

本以為是看電視的原因，結果關掉卡通後，也是差不多時間。當初我就在想，何不順勢而為，將缺點「搖身一變」成為優點？

一開始我就盤算著，如果規劃得宜，兩個孩子將會很幸福，不必每天趕著外出補習，省下一大塊的時間可運用，更可以正常睡覺，而關鍵居然只是一頓「晚餐」時間，真是「一兼二顧，摸蜆仔兼洗褲。」有化腐朽（浪費掉的時間）為神奇（不必補習功課也能很棒）之妙！

我試著轉到英文節目，想不到孩子的接受度很高（年齡小），因此每天的晚餐除了卡通外，還有老外教課。

有人主張吃飯不要看電視，好不容易有個共同時間，一家人可在一起聊天，那是對雙薪家庭而言。但我幾乎以孩子的作息為中心，狀況不同，況且許多國中生晚餐，其實都不在餐桌上的。在哪裡？補習班。

你也可以反駁我，一邊吃飯一邊看電視會胃腸不好。但我告訴你，不看的話你的胃會更不好，因為成績單發下來看了後，甚至胃還會抽筋呢！

許多孩子一放學，晚餐在外面隨便吃一吃，就匆匆趕到補習班，這樣子胃腸會好嗎？我看不只胃有問題，連心臟都快跳出來了。

所以，就算我們胃不好，一天一小時好了，但其他時間包括睡覺我們全家都是在笑的，心情好得很，哪裡胃不好？優點早已超越過缺點，瑕不掩瑜啊！

如果能取得最大公約數，而能看到其他更大的好處，自然不會排斥其小小的缺點。明知咖啡容易骨質疏鬆，還是那麼多人擋不住其魅力狂飲？因為能提神。多補充些鈣質而且只喝黑咖啡就好，你也可以說芒果也很毒啊？亂講！吃些「破布子」即可解毒。

同理，如以看電視對肯腸有疑慮，充足的睡眠及亮麗的成績，將使你一掃陰霾。

看你要的是什麼？落水當然要命，上岸當然要錢。我要的是孩子可以不上補習班，可以睡得飽飽的，而且成績不差心情好，不是一味的否定。

每天放學等孩子是很煩的，但我必帶書去看，很成功的把煩躁無聊時間，轉化為愉快的欣賞，就像我等紅燈背英文單字一樣道理。

每個人的生活方式及習慣完全不同，取決於你如何詮釋及導入，是一種心境，也是方法。

生活中有許多殘缺，有時殘缺也是一種美，端看你如何運用，如何逆轉勝！

Part 5

一路領先
到終點的撇步

培養孩子無可取代的獨特性

不怕人不請，
只怕藝不精。
鶴立雞群中，
就算蹲著，
不被發現也難。

最近全球的景氣異常的差，不斷傳出大量的裁員潮，每一個人都心驚膽顫，你我會不會是下一個？

另一方面卻看到，雇主釋放出一百個工作機會，卻來了一萬個人應徵，僧多粥少，想要脫穎而出？如何做到讓企業主第一個就會想到你，就算被裁員也是最後一個？

早在二十年前，我就在思考這個問題。最後自己下一個結論：和別人同性質太高，你只是其中之一，不是惟一。除非，你有別人無法取代的獨特性。

兩年前的一次講座，講師是一位作育英才的老手，他雖育人無數，卻坦誠沒有時間陪孩子。

雖然他兒子不怎麼喜歡讀書，成績不是很好，但卻對二胡情有獨鍾，作為老爸的當然也全力支持。

早期要學拉二胡的資源非常匱乏，連老師都難找。就是難，才更顯得可貴。上了大學後，學校常為了接待外賓找人表演，總不能老是表演老掉牙的鋼琴吧？這樣是激不起任何火花的，更沒有新鮮感。

於是學校想到這位講師兒子的特殊才藝——拉二胡，每次表演的徵選，彈鋼琴的來一卡車；拉二胡的永遠只有一個！誰能取代他？沒有！

不怕人不請，只怕藝不精。鶴立雞群中，就算蹲著，不被發現也難。一顆閃亮的鑽石是無法掩藏其光芒的，放在哪裡，那裡就是最亮！

目前計程車空車率聽說六、七成，這還是保守的數字。私家車的普及、捷運的完成、景氣的下滑等，都是空車的原因。

但卻有計程車須預約，甚至應接不暇大排長龍。怎麼可能？有。因為特殊，因為不一樣。那是一輛賓士車小黃，物超所值的設備。

另一位「運將」大哥，很有禮貌的記下每位乘客生日，固定時間噓寒問暖話家常，幫客人提重物更是基本作風，如此貼心誠懇的態度，為他賺進一群死忠的客戶。

現在，有人要搭小黃，很難不想到他！他雖然沒有賓士級的車，也可以有「凱迪拉克」的服務啊？

山高自有客行路，水深自有渡船人。他，不會有景氣問題！

人說「庄稼人看天，打漁人看潮」。為什麼球一定要在別人手上？你可以不必看老闆臉色，還怕被炒魷魚？是你炒老闆的魷魚，因你無法被取代。

做我自己第一

小魚是翻不起大浪的。
努力扮好自己每一個角色，
就算是一顆小螺絲釘，
也要成為螺絲釘第一。

沒有人知道我學英文的原始動機，以為純粹只是為了教孩子，或特別對英文有興趣，都不對！

孩子的學校去年基測考出兩位滿分，鄭澈是其中之一。弟弟很貪玩，我總是以鄭澈的例子鼓勵他，要他好好認真，說不定會成為鄭澈第二。想不到他很不高興的回我：

「幹嘛做他第二？我要做我自己第一！」

他是對的，是我錯了！想不到虎父無犬子，居然有乃父之風。他的回答和我學英文的想法居然相同。

當我十七歲輟學那年就在想，自己沒有學歷、沒有背景如何與人區隔一較高下？如何讓人看得起你？難！當時我發現就算是大學生畢業生，英文程度也是只能應付考試而已。不會說，聽不懂，過幾年後還給老師了。

這是一個機會，我天真的想，要是以後我會英文，會說、會聽，是不是就贏過他們了？這個「寧為雞首，不為牛後」的信念，一直支撐著我學習到現在，想不到意外成就了兩個小孩。

從作為當中可以看出，我是一個不按牌理出牌的人，不服輸、不在意世俗眼光的個性，更影響了下一代。

三十年前有位馮姐願無條件資助我到大學畢業，不要因經濟因素輟學了可惜。但我斷然的拒絕了，決定走自己的路。得知我要當生意人後，她寫了封信鼓勵我：

「不管從事哪一個行業，你必定是這個行業的龍頭翹楚！」

這句話我奉為圭臬，更牢牢的提醒自己要往這個方向走，讓我有「做自己」的觀念。

在當時，我拿下許多北區惟一童裝品牌的代理權，人家是怕客戶跑掉，而客戶是怕我不賣他，太有成就感了，因為做到自己第一。

三十年了，我很感激這位馮姐，這封信我還保留著。

不要自認條件不好就認命，別忘了荒山可是出俊鳥呢！大家不是一直喊景氣不好？我去買個「蚵仔煎」，居然每次都要排隊；另一家「蚵仔麵線」更是大排長龍，上過無數次電視；還有一路邊攤「魷魚米粉」更誇張，助手五、六位，風沙那麼大，我還曾排了半小時。太慢去，「抱歉，明天請早。」

這種情景都在我家附近，不勝枚舉。同樣地點，我也看到許多失業的遊民。

每一位傑出的成功者定有其過人之處值得我們學習，現實的社會永遠只記得第一是誰，第二名呢？不知道。談到棒球，你很難不想到王建民；高爾夫球必是老虎伍茲；足球呢？絕對是貝克漢。帽子歌后？第一名模？我們不可能有第二個答案。

小魚是翻不起大浪的。努力扮好自己每一個角色，就算是一顆小螺絲釘，也要成為螺絲釘第一。

計算能力每天訓練

數學好的同學，
功課絕對不差，
因為他會思考。
計算能力就是靠每天的幾分鐘，
我們就是贏在持之以恒的幾分鐘。

弟弟三歲多帶著奶瓶開始學習數學，到目前自己去破解題目，他不要答案，靠自己思考，以此為樂。更學會了腦中計算。

上個月吧？國一的他放學回來告訴我，數學隨堂測驗他不敢用右手寫，怕速度太快寫完之後太無聊，於是興起以左手作答，沒多久他已在「納涼」了，全班還沒有人完成。數學小老師九十九分好高興，哪知最後一張是兒子的，滿分。小老師的臉都綠了。

實力其實是靠平時的累積，以及不接受填鴨式的動腦。許多人只知道閱讀的重要，卻忽略數學對孩子的影響更深，因為學會思考、動腦，而且愈小愈好愈有利。

姊姊近四歲時開始學功文數學，從握筆、畫線開始寫到高中教材，現在每天一樣撥二十分鐘的時間來練習高中數學。

學校的考卷對她而言，有如探囊取物般容易，考了六次數學段考，平均九十九點多，贏過所有的資優生，她好樂，數學老師給她的評言是：「計算能力異於一般學生」甚至稱讚她為數學天才。她的信心整個上來……，數理不分家，連帶這次的理化考，也是全校最高分，就因為從小每日二十分鐘不間斷的練習。

零到三歲日常生活，應開始融入生活數學，聽唱兒歌，坊間有許多CD、數字卡等……數學輔助工具。

滿四或五歲開始學數學，利用教材從握筆開始練習至今。每次寫完批改、訂正。學習剛開始一至兩年寫功課時，父母一定陪同在側。

學會數字後可以開始學珠心算，可以增加其專心度，如果不以珠心算為專長，學習時間不能太長，因為會和正統數學相衝突。一度弟弟也常不按部就班的計算，而是用手空撥找解答，於是停了珠心算，所以二、三年是最多能忍受的期限。

除了正統學習方式外，在小學寒暑假我會陪同小朋友，一起算動腦筋的運用題型，譬如奧林匹克題材等，書局都有上架。

不斷練習是唯一的路，不要以為簡單、會了，評量就不做，小學課程雖簡單，但我們會跟著學校的進度先預習一本，月考前再複習另外一本，考試前一晚再將錯誤的重算一次，達到很紮實很熟練的反射動作。

至目前雖然數學免修了，還是一樣的練習過程。

數學好的同學，功課絕對不差，因為他會思考，也因此我兩個孩子，在國中這學期能夠免修，不必上數學課，而他們可以利用這堂課來學習課外的東西。

真的，今年栽竹，明年吃筍；而且年年留筍竹滿山。計算能力就是靠每天的幾分鐘而已，持之以恆，我們就是贏在持之以恆的幾分鐘。

從小打好英文基礎

她每天習慣背難的，
對於教科書根本不必背。
有一句話很符合我兩個孩子的現狀：
現在去做應該做而別人不想做的事，
日後才能做別人想做卻做不到的事。

「我爸從一個字開始騙，然後兩個字、五個字，最多一天背十二個單字。」

這是上個星期弟弟受訪時的一段對話。

很幸運的，從小的紮根，現在國中的姐弟，都很輕鬆的「看」英文課程，不必花很多時間，不必補習。姊姊通過初級英檢後，連英文課也免修了，相對於一些同學補英文補得要死要命，他們看了實在有夠「鬱卒」。

原本很心急的要孩子四、五歲就開始背單字，但總覺得太早，於是只要求會看、知道意思即可。另外我準備了一本英文作業本，不背沒關係，我們用寫的，就如練習國字一樣。

孩子大概是小一左右不寫了後，兩姐弟吃晚飯前一定互抽單字完畢，剛開始從一個字才不會反彈，一個月增加一個字，我會把單字貼在牆上，兩人自己去商量要抽那些單字，今天沒做還是累積到明天，所以才有兒子說我騙他背單字的說法，而且背單字放在看卡通前。

學英文不是完全丟給孩子，大人的加入可使效率更高，效果更好。因為如此才有徐爸爸手上的英文單字，以及載姐弟倆等紅燈背單字的情節。

工欲善其事，必先利其器。我丟給孩子一人一台螢幕大的有聲電子字典。

小三前大約花了三年期間，把國中範圍全run過一次，有的小朋友學不好是因為家中不預習，到教室才臨時抱佛腳，那種心情完全和我們以逸待勞的狀況完全相反。

接著我又訂了兩本「大家說英語」給孩子，每天準時收看電視，訓練聽力，為了方便，一個月八十九元的MOD數位，隨時可收看，以前我還以錄影機錄下來，現在你們幸福多了。

在姊姊五年級時，換了高中程度的「空中英語教室」雜誌，我已成功的訓練孩子自己預習前一課的單字，慢慢自己會讀書了，哪要花錢補習？

現在進國中了，老師要求錄音，聽聽自己的語調，老師也會指正。我甚至畫一段課文在睡前背，自己默寫在作業本上，姐弟互相批改，通過了才去睡覺。

姊姊擠入剩下八名餘額的資優班上輔導課，據她說英文老師一半以上用英文上課，也曾來個震撼教育，說整段英文抽學生解釋，幸好她基礎不錯，聽得懂，被叫上來解釋都OK，因為我們每天聽，是生活的一部分，實力是從小養成的。

有一次早上看到聯絡本，才想到今天要考默寫課文，她居然說：「好，給我三十秒就可以了。」太誇張了吧？她每天習慣背難的，對於教科書根本不必背。三十秒？一點也不誇張！有一句話很符合我兩個孩子的現狀：

「現在去做應該做而別人不想做的事，日後才能做別人想做卻做不到的事。」

快去訂雜誌吧！國中學校會要求，有的高中拿來考試。逃不掉的，除非你放棄！

自主學習的重要

學習動機如果是為了充實自己，
絕對能夠享受到追求解答的快樂而自動自發。
而現在學生感到痛苦原因，
就在於他們和考試相連結、劃等號，
所以不快樂、被動。

「當什麼路都走不通時，只有靠自己了。」

一位王媽媽逛書局時，在《我這樣教出資優兒》看到這句話，立刻打動了她。

在電話中聽得出來，大人自己也慌了，亂了方寸。她的孩子和我兩個孩子一樣，也是小學拿市長獎畢業的。但一念之間，往往決定兩種截然不同的命運；同樣的市長獎，到了國中卻是過兩種不同的生活。

王媽媽承認是自己的錯，因而自責不已，沒有及早為孩子規劃，使得非常優秀的女兒到了國二卻好忙，整個步調都亂了。一周幾次的補習，壓縮孩子的休閒空間，在捉襟見肘的有限時間裡，功課愈來愈吃力。原本很有機會的孩子，如不改變，也許就毀在她自己手上。她相當認同我的自主學習。

從孩子兩、三歲開始，我和太太兩人就不時灌輸他們讀書的種種好處，加上適時的機會教育與例子，孩子已充分了解：書，是為自己讀的，而非為父母。

姊姊六歲時因為不專心，我很生氣拂袖而去，並撂下一句：「不教你了，不認真！」想不到她居然號啕大哭，並抽噎著說：

「人家還要去美國讀書耶……你……不……教……，我……怎……麼……去……？」

從此我意識到，一定要訓練孩子自己要讀書、會讀書、自動讀書，雙方才會輕鬆。現在看到許多親子關係不佳，起因於課業，孩子每天很累，父母每天很擔心、很生氣，就慶幸當初想法非常正確。

學習動機如果是為了充實自己，絕對能夠享受到追求解答的快樂而自動自發。而現在學生感到痛苦原因，就在於他們和考試相連結、劃等號，所以不快樂、被動。

每次的國際比賽，不論是數學或物理，我們總能大放異彩，奪金拿銀，好不風光！這是高中時期。到了大學，升學壓力少了許多後，不考就缺少研究動力，好不容易終於解脫了，有如脫韁野馬般，整體素質讓人感覺有小時了了的不佳印象，難以和國外生相抗衡。原因何在？從小沒有養成自動自發的精神，所以只贏在起跑點的被動，長大後放飛，飛不高也飛不遠。更別奢談找到豐富的食物了。

前年的一個周日，在羅斯福路和我兩個孩子在大馬路上等人，突然一輛休旅車停下來大叫：「徐先生！」

奇怪！叫我嗎？並不認識這位爸爸啊？

原來是我的讀者。他說我的兩本書都看得很仔細，但自己孩子不主動，很傷神。並提及如果他的孩子，上和我們同樣的課程，效果會等同我的孩子嗎？我的答案是要看父母的決心及態度。態度正確，甚至會超越我們。也許他要求證書上寫的真實性，不讓我回答，直接點名姊姊：

「給你三個選項：你的壓力是父母給你的？自己給自己的？還是沒有壓力。」

「自己給自己的。」姊姊毫不考慮的說出這個答案。

他很滿意的開車走了，因為真實的從孩子口中得到這寶貴的解答。

許多人讚嘆，我的孩子為什麼這麼「乖」？不是乖，是打從「心」裡甘願作，所以做得快樂不覺得苦，那是信念的問題。學問孩子想要，效果自然最好。

開小黃的老李，要是車上沒載人時，一定關掉冷氣，汗流浹背也不感覺熱，別人覺得很反常，他卻甘之如飴。他的答案是：「這樣能排毒！」認知如此，當然不怕熱。而且愈熱愈好。

無時無刻，我和太太從小就灌輸孩子讀書的重要性，現在讓他們放鬆的話，反而孩子會覺得不自在，很可怕！

孩子終究是要脫離父母的，他們必須學會自己釣魚，從最基本開始。

從被動到主動

在榮譽心的驅使下，
沒有孩子願意被動的。
當你還在抱怨孩子時，
他一定是少了你熱情的支持，
以及循循善誘。

為什麼孩子能「從被動到主動」，一言以蔽之，榮譽感使然。孩子願意做一定有原因；排斥也絕對有他們的理由。

陳媽媽，住在我家附近，常對我說她的兒子有怕生、不理人的個性。雖然小學和弟弟同年級，但總無法落落大方，打開心中那一道防線，人際關係出了問題，人緣也不好。

「問題出在你身上，因為你也一定如此。」媽媽點點頭承認。

雖然一語道破，但我還是不信邪的找這位小朋友。如她媽媽所言，遠遠看到我就躲開了，要不然就假裝沒看見。有一次我故意堵他，沒得躲了只好假裝蹲下來繫鞋帶。好，我就站住等你！他還是得乖乖站起來面對我，雖然不說話也沒叫人，對他而言已屬突破了，因為我們聊了近五分鐘。之後的每一次，遇到我都會主動問好，我稱讚他好有禮貌。

我們兩年多沒見面了，孩子已從國小升為國中，我也不認得了。

前幾天在便利商店內，「徐爸爸好！」我還在猜是誰呢？他可以選擇默默離開的。

造成孩子不同的是父母作法不同，陳媽媽是被動接受，我是主動出擊！教育孩子除了責罵以外，還需適時的鼓勵，而且隨著孩子的年紀增長，稱讚及溝通的比例要往上調，責罵則要降到最低，孩子才願意主動做好一件事，並且發自內心。

但我發現有問題的家庭剛好相反，大人認為孩子長大了，本來就該獨立了，做不好就是不對，用罵的比較快。沒能耐心引導，只單向要求而不是雙向互動，孩子感受不出快樂的來源及動力，當然能拖就拖，消極被動。

掘井九仞而不及泉，猶為棄井也！大人的不堅持、不積極、沒耐心，往往是孩子不主動的元凶。還未開花結果就急著採收，強摘的果子哪裡會甜呢？

孩子的日記每天都很認真寫，我仔細一瞧，原來導師都有回應。再怎麼乏善可陳的內容，總會擠出幾行鼓勵的話，甚至是一整頁，非常用心。如果只是固定打個勾，冰冰冷冷，學生不會好奇老師今天又寫些什麼，當然以應付的態度寫日記。我私底下竊笑導師時間真多。其實不是時間多，是用心多！

如同孩子向你說「謝謝」，你會回「不客氣」嗎？我向孩子「謝謝」，他們一定馬上回以「不客氣」，這個動作反射，我教了好久並持續追蹤，才成為孩子的習慣。如果大人自己不注重，也不要冀望孩子長大後一定會如何了。

在我們家的碗，洗的最乾淨的要算是弟弟了，連媽媽都稱讚有加。每天洗便當的同時，會主動把碗槽內的碗盤洗光。有時功課忙無法全洗完，問他為何只洗一、兩個？他回答，如果能持續，洗一年的碗盤疊起來有多高知道嗎？說的也是，願意主動幫忙才是可貴的。

能養成習慣是小時候以零用錢引誘及讚美，現在孩子不會要了，因為他們知道家事是家中每一成員本來就該作的事，長大了就要有長大後的認知及觀念。

榮譽感及成就感讓姊姊無怨無悔、鬥志高昂的做好每件事，放學後也會自願留下來做壁報，不會因為功課多而推卸。每年的耶誕節還向導師自動請纓，然後要我載棵聖誕樹到班上裝飾，飾燈不亮了也都是她換的……，真的對班上仁至義盡。這一點我和媽媽在背後一直默默的鼓勵與支持。

孩子終歸是孩子，不可能天生下來就很「自動」，哪一個孩子喜歡讀書、做家事？我們自己又不是沒當過小孩。就算現在國中了，我每天還是會問單字背了沒啊？數學寫了沒啊？是這樣的累積，兩個孩子才漸漸的由被動轉為主動的。去年女兒寒假時也是只靠鬧鐘每天七點多就起來讀生物，反而是她領導我們全家作息。因她受鼓舞了，知道讀書的好處，現在自己還自修日語及吉他。

有些家長除了讀書外，不讓孩子參加許多服務的職位或社團，怕影響課業，卻不知同時也喪失了許多學習機會，更永遠無法體會「主動」的真義及快樂，在家中當然永遠被動，要孩子選擇性、非自願的「自動」，雙方都很痛苦，沒有從基本態度做起。

「歡喜做，甘願受」沒這麼難，假如受的都是快樂的話。如何讓孩子了解到真正的快樂並激發出他們的熱忱，我想這才是真正的關鍵。在榮譽心的驅使下，沒有孩子願意被動的。

是孩子本身的問題嗎？絕對不是！如果少了父母當推手，我的孩子也許到現在還不會自動拖地、洗碗、讀書呢！所以當你還在抱怨孩子時，他一定是少了你熱情的支持及循循善誘。

爭取英、數免修

太多媽媽質疑，
提前學習會讓孩子在課堂上睡覺，
這是見樹不見林，只看到小學狀況。
先學起來後，孩子進可攻，退可守，
有能力選擇自己寬廣的路。

父母的一念之差，往往造成孩子之間實力的M型兩極。

當你還在擔心提早學習會讓孩子感到驕傲自大，課堂上無聊睡覺時，我的孩子早已跳上更深一層樓，往下一站努力。而有些父母之前所煩惱的，現在已換成孩子的功課苦追不上了。

弟弟上了國中後，一直想自我挑戰及突破，我也樂觀其成，畢竟孩子自己想努力是可喜可賀的一件事。

上了兩周後有點失望。有一天放學回來突然向我說：

「爸！上數學課時我都快睡著了，真的很無聊！」

他的意思不是老師上得不好，而是對一個國小生就已經開始學習高中數學的孩子來說，只是疊床架屋、虛度光陰罷了，是不是有變通方式，把上課時間省下來閱讀呢？

對這方面的訊息，因之前沒有需求，自然也不曾打聽。這一類的同學畢竟是少數，也怕沒上課成績會掉下來，所以在家長和學校方面都非常審慎及保守。

姊姊沒補習，靠平日讀雜誌紮根，初級一次就過。七年級的英文老師雖然沒教她了，但還是相當關心，真的讓我敬佩又感動。

開學沒多久，我接到這位老師的電話，她建議姊姊的英文課可以申請免修不必上課，同學上課時，可以到圖書館看課外書或英文的延伸書籍，甚至可以看自己的弱科補強自己，彈性的運用時間。

我很感謝也很心動，太太也在旁敲邊鼓，認為老師的建議可行。

當然，我一面思考著既然英文都可以申請了，那弟弟無聊的數學課就可以解套了。這時換姊姊怪我為何她國一時數學不申請，害她去年上課也那麼無聊一年。

考慮了一天後決定申請兩科，試個一學期看看。

初審資格通過後，進入數學第二階段的考試。這時女兒才發現她七年級的數學成績還蠻嚇人的，六次大考平均九十九點多，技壓全校！同學拜託她不要再考一百了，「這樣我們很沒面子耶！」

第二階段考的是下個學年課程，段考時和學長同日考試，這對我們早就學過的人算是很吃香的，提前學習就是有這種優勢。

三人報名，沒有意外的，兩姐弟成為學校唯二的數學免修，姊姊更是唯一的英、數兩科免修，一星期有九節課的空檔可以在圖書館看書，也可回原班聽課，隨自己考量安排。

這下子兒子數學課不必「ㄉㄨˋ ㄍㄨ」了，一周多出五節課研究高中數學及太陽能，上個星期居然還告訴我，他利用免修課去上「大號」，我問他那誰幫你簽名？難道是廁所？

一些媽媽不敢讓孩子預先學習，怕上課無聊，像我兒子一樣不認真。但現在我的孩子免修跳到更深、更廣的課程，當初猶豫的媽媽也許又要後悔了。國小怕會而睡覺，到了國中有可能是完全聽不懂而睡著，弟弟班上就有同學向數學老師反應：「老師！你教一題，我不會一題。」

弟弟同時又考上資優班，他也在考慮到底要免修或上資優班的延伸數學。我建議他和老師討論，是否能以免修身分到班上，選擇聽自己欠缺的課程，其他時間可自己彈性運用，包括看書、寫習題，但要在不影響他人情況之下。

姊姊的歷史及國文一向都很不理想，欠缺統合的感覺，歷史老師趁機借她課外人文書籍，要她好好大量閱讀。這半年來她持續進步當中，昨日老師不預警的考試，居然破了自己的紀錄，歷史考了全班最高分，她已樂到不行了。

孩子如果各科差不多就算了，但像姊姊那樣強弱科涇渭分明，就不要花太多時間在強科了，應把時間挪往弱科，或像弟弟一樣往高中延伸，每一節課都不會白白浪費掉。

免修是一學期一學期申請，成績沒達到標準，下個學期的門檻自然沒辦法過，姊姊這次對英文太輕心了，以致沒申請到，幸好還有數學。我要她加把勁，不要連數學也大意失荊州。但我也建議她，三年級努力衝刺，不要再申請了。

勿恃敵之不來，正恃吾有以待之。我之所以提出免修經驗，是因為太多媽媽質疑，提前學習會讓孩子在課堂上睡覺，這是見樹不見林，只看到小學狀況。先學起來後，孩子進可攻，退可守，有能力選擇自己寬廣的路；而不是到了想選擇時才發現沒有能力，那就噬臍莫及了。

我是3Q達人

熱得發燙的人緣，
是孩子能這麼快樂的原因。
因為他們懂得在別人的需要上，
看見自己的責任。

國中時沒錢補習，一切靠自己、問同學。但並不是每位同學都有不藏私的寬闊胸襟。

有位成績和我不相上下的同學，怕我成績超越他，硬是藉口不肯教我，讓我從小體會到想學卻找不到人問的切身之痛。

我希望孩子不能藏私，結果卻意外培養出在班上的好人緣。

放學姊姊喜孜孜的向我說出她的喜悅。原來輔導活動課時，老師突然要同學投票選出心目中最受肯定的三位班上代表人物。

AQ：挫折忍受力。

EQ：情緒管理

MQ：互助合作。

老師特別解釋，AQ是無論遇到什麼挫折都能迎刃而解，就算在馬路上被公車輾過好幾次也會馬上站起來。

全班哄堂大笑。

出乎姊姊意料，三個項目都是她拿到最高票，所以喜出望外的回家自稱為「3Q達人」。姑且不論是否真的名符其實。她的心地善良，我倒是沒話說，可能是古道熱腸，「笨」到得了不少同情票吧！

從小我和太太就教育兩個孩子，一旦同學有困難千萬不可推辭，尤其在課業上，一定要負責教到會為止。加上她在班上總是笑靨迎人，還有自身的認真負責態度，所以人緣總是特別好。

我兩個孩子喜歡上學的原因，也在於人緣太好的緣故，在班上。這得歸功於他們自己樂於幫助同學所致，就如一波波海浪出去，總會彈回陸地的一天。快樂的波浪，靠自己製造！

弟弟就曾經因自習課被問到無法複習，而下節課就是段考了，卻沒任何怨言，這是我稱讚他們的原因。而姊姊也曾在聯絡本這樣寫著：

「當他人有求我們時，應該感到高興，這代表我們已有幫助他人的能力。適時的幫助別人，也許某一天這個人心目中的貴人就是你囉！」

「是的，受人之恩當湧泉以報。能當他人之貴人也是一種幸福，代表自己是有能力的。」這是導師的評語。

去年的一個假日，家裡曾創造一天近二十通電話的紀錄——都是姊姊的。問功課的、借東西的、幫忙買手冊、文具或影印的……五花八門，她一律慨然應允，把「助人為快樂之本」當作自己的座右銘。

有一次她回來告訴我，這次的數學，問她的那一群同學都考九十多，很自豪的說：「這都是我教的ㄋㄟ！」

有的同學甚至整個單元都不會，叫女兒教，她也不厭其煩的教了一次，比對自己的弟弟還好。曾有一同學問另一位同學生物回答得「落落長」，但聽不懂。轉而問姊姊後：

「嗯！教得很好，以後都問你。」

鼓鐘於宮，聲聞於外。她真是忙，連別班的同學都聞香下馬跑來問，在家裡常聽她說要趕快去預習，不然同學問的話，不會就糗大了，這是她的快樂及成就感。她的一句名言：

「全班我沒有一個感情不好的。」

許多好事必須有心才能持續成事，不做就是零。看到孩子班上許多有心向學，卻得不到幫助或方法的同學，太太建議借他們這學期課程的教學帶。對我們而言只是舉手之勞，惠而不費；但對於家庭因素無法補習的弱勢同學，卻是一大鼓舞。希望也能像我的孩子一樣快樂學習，不必補習省下時間，每天還可以看卡通、看魔術。只要能改變，就算只影響到一個孩子也值得作。

另外，在尊重智慧財產權的前提下，除了確定為正版外，也交代不公開播放、不能有營利行為，只能私下借給同學回家看，順便來個機會教育。

兩個孩子也不嫉妒，也不怕同學贏過自己，不會「雞仔腸，鳥仔肚」（小器）。知道有國二同學願意從國一最基礎學起就覺得好感動，畢竟孩子肯開始了。自己求學的不順遂，總是能體諒小時境遇和我一樣的孩子。

當有家長抱怨自己孩子在班上不得人緣、不受歡迎，或老師不公平對待時，是否曾想過是孩子或自己吝於對班上付出造成的？不對人灑出香水，怎可能回濺自己幾滴呢？

熱得發燙的人緣，是孩子能這麼快樂的原因。因為他們懂得在別人的需要上，看見自己的責任。

要從小開始培養語文能力

在孩子三、四歲時，
常帶他們到書局「翻」書，
也總是看到許多媽媽，
「唸」書給自己的小朋友聽，
她們有先見之明，她們是對的。

有一次期考，姊姊的數學、理化及地理都是滿分。物理老師看到她的國文及歷史成績後很驚訝：

「你是不是不想背？」

「沒有啊！我從暑假就開始認真了，填充及解釋全對，全錯在選擇題。」

「那就沒辦法幫你了，我自己國文也不好。」

這就是沒有從小大量閱讀的後遺症。缺乏人文、統合不佳、感觸不深，相對的影響到觀察力和想像力。

有時文不對題，以致作文只有二級分，連題目都看不懂！文言文也不會，很簡單的成語也忘了，真是個痛苦的國一上。

有一次作文，國文老師無法相信自己的眼睛，居然有人寫出「老幼腹儒」

（婦孺）的字句，而且是出自姊姊之手。回家後我安慰了她，還好啦！不是很嚴重，沒有寫成老幼「副乳」。

弟弟更扯，看完書後問媽媽：

「媽，什麼叫ㄉㄢˋ ㄐㄧㄝˊ」

「你沒拿給我看怎麼回答？」

「免、免、免，我自己查。」「啊！我知道了，ㄉㄢˋ ㄏㄜˊ。」

蛋盒？這也要查？過去看了以後才明白是「ㄊㄢˊ ㄏㄜˊ」（彈劾）。我差一點昏過去。從「ㄉㄢˋ ㄐㄧㄝˊ」、「ㄉㄢˋ ㄏㄜˊ」，一路到「ㄊㄢˊ ㄏㄜˊ」，這些都是閱讀太少衍生出來的笑話，而這些只是山水之一角而已。

弟弟班上有位女同學是語文資優，國文造詣相當紮實，不必怎麼準備，每次的國文成績總能拔得頭籌。這種情形在姊姊班上也有兩位。她們三人有一個共通點就是從小喜歡閱讀。

在孩子三、四歲時，常帶他們到書局「翻」書，也總是看到許多媽媽「唸」書給自己的小朋友聽，非常用心。當時很不以為然，現在才恍然大悟，原來她們有先見之明，她們是對的。

無庸置疑，喜歡閱讀的父母，自然會培養出愛讀書的孩子。

現在寒暑假比較有空，有時和兩個孩子騎著自行車直接殺到出版社倉庫選書，不管是漫畫、散文或新詩，姊姊最愛魔術，弟弟還是喜歡研究數學及笑話書籍。媽媽「虧」他不必買了，因為他本身就是個笑話。不管什麼書我都接受，畢竟開卷有益，這幾天姊姊還買了三本日文書，自己從五十音開始學起。

在我小六時，每周都得坐公車回桃園父親家拿生活費，車站牌剛好在書攤對面，所以固定花個十元、二十元買書在車上看，不管是鬼故事或說話的藝術，這也讓我養成看書的習慣至今。想不到三十多年前的無心插柳，卻意外使自己有寫作靈感的基礎。

三日不念口生；三日不寫手生。姊姊每天抽出時間閱讀，已進步到偶爾國文也能考到九十多，連作文老師都稱讚她寫得有感情。

亡羊補牢，猶未晚矣！

Part 6

不必花大錢的優質教育

了解孩子，父母就是補習班

補習就像蝸牛耕田，
費力不小收穫卻不大，
一輩子餵他是永遠學不會釣魚的，
就算名校畢業又如何？
社會大學也要去補嗎？

我曾經試探性的問姊姊要去補習嗎？

「才不要！自己會讀幹嘛浪費金錢及時間？我才不要去給人家約束，就算去了，我不喜歡，所以也不會認真，去了也是白去！」

問弟弟要去補習班嗎？他居然回答我：

「餵豬啊？我們自己會吃飯，不必到補習班給人餵啦！」好有自信的口氣，這就是主動和被動的區別。

一位媽媽抱怨，孩子在補習班永遠在等其他同學的進度，因他的程度本來就不錯，但必須等全部人都會了，老師才會進入下一個進度，自己的孩子也浪費許多時間聽重複的課程。

當時我有感而發，我不是說補習班不好，而是我們可以更好。父母可以做到依個別程度的啟發而非整體的填鴨。

會去補習班的孩子大概不外乎幾種原因：

一、每個人都去補，輸人不輸陣，更不可輸在起跑點。

二、父母忙，把孩子丟給補習班求個心安，也方便。

三、孩子屬被動型的，靠補習幫你讀書、練習。

為什麼補習班生意這麼好？因為提供了孩子實地演練的平台，如果這些動作可以在家中完成，又何必和金錢過不去呢？

學校有一次的講座分享，一位媽媽就提到自己的兒子歷史超棒不用補習，其他四科補了也沒用，成績就是上不來。就算考上前幾志願，孩子也會很痛苦，因為他會考但不會讀。

這位媽媽很不錯，她了解到孩子不用上補習班，而能跟上學校進度才能快樂學習。

目前不補習的孩子是稀有動物，如果到國三還不去的，已找不到這種學生了。教改十年下來，補習班居然成長了四倍。家長的茫然，孩子的無奈，造成現在哪個孩子敢不補習？

其實問題不在補不補，而是在自己的基本態度，補習班是為被動的孩子而開的，只是把重複的課程再教一次而已，這些在家中都可以做的，又可省去舟車勞頓的時間。一位爸爸就這樣說過：

「補習本身就是錯誤，為什麼要補？那你在學校作什麼？根本是疊床架屋！」

現在的教育觀念好像反了，補習讓孩子上課不專心聽，反正放學後還有課。早上七點前離家上學，晚上十點多才回來，洗個澡、寫個功課都已超過十二點了，日復一日當然上課沒精神囉！

有一天晚上六點多，姊姊的同學打電話來，我回說她在睡覺，第二天這位同學居然諷刺她：

「你很過份喔！在學校也在睡（午睡），回家也在睡，睡那麼多，成績還比我好。」

難怪同學吃醋，人家趕著上補習班，而她已經睡出雙下巴了。

姊姊的一位同學問她有沒有補習？她回答沒有。同學很驚訝：

「啊！沒補習還考這樣？真的很沒禮貌。」

就這樣變態、怪胎等名詞，就順其自然加諸在她身上。

其實從小每天我們都在累積能量及實力，就算補習，也是絕對與目前課業無關的超前進度，這樣才有進步的空間，才能一路保持絕對的領先優勢，而不是老師教什麼你馬上補什麼，就算你目前都滿分好了，到了國、高中還是一樣追得很辛苦，無法快樂學習。

補習就像蝸牛耕田，費力不小收穫卻不大，一輩子餵他是永遠學不會釣魚的，就算名校畢業又如何？社會大學也要去補嗎？

樹正不怕影子斜！讀書的基本功不確實做好，愈補是愈大洞，孩子是須依個別能力個別指導而不是「大鍋炒」，就算炒出來了也不好吃，還給孩子一個正常的教育吧！

我們不用補習，孩子精神很好，大人也不憂鬱，因為省下許多「子彈」可以花在大學的刀口上。

補習，根本是一種浪費，不管是時間或金錢！

找出適合自己孩子的方法

孩子是自己的，
沒有專家。
了解孩子，
你就是專家。

養專家不如養蛤蟆？根據報導，二〇〇八年的汶川強震，當天四川有一小鎮數十萬隻的蟾蜍遷徙，江蘇泰州更出現成千上萬的小蟾蜍穿越公路，以致許多網民痛罵：「養專家不如養蛤蟆」。

姑且不論事實與否，卻應證了另一項事實：方法沒有絕對的對與錯，只有適不適合、努不努力、堅不堅持。

我常給我的讀者一個觀念，不要聽最好的，而是要選擇最適合自己的方式。就算適合百分之九十九的人，我的孩子偏偏是屬剩下的那百分之一。以前對，現在並不一定對；大人對，用於孩子也不一定對。

我喜歡聽講座，因為可以修改自己的路線，尤其以一般媽媽的實地教育分享，以過來人的經驗傳承尤為感動。標榜專家的演講反而不吸引我，因為有距離感、太理論，我們做不到，也許只有羨慕的份了。

一位後悔的媽媽，在這次學校的講座中，坦誠初為人母時什麼都不懂，孩子的教育方式完全是以書餵、照書養。東施效顰的結果是四不像，完全不是那一回事。孩子被她整得很慘，功課也上不來，到了老大國三時，才整理出個人的心得，幫助孩子考上公立高中。最幸福的是老二，因為媽媽已抓到適合他的訣竅了。

每個人的不同觀念及獨到的方法，我都接受。但，我只挑適合我的，即使一本書中只有一個我認同的觀念，讀了也就值得。

在內湖附近有一位媽媽，很欣賞我們的快樂學習模式，什麼都要和我們一樣，不管是老師或方法，甚至想休學或每周願千里迢迢轉兩次的捷運到我家附近學習，來回車程連腳程及等車時間，一天浪費了兩小時。

她以為和我們同樣的環境，同樣的輔導老師會造就同樣的孩子。像不像三分樣是沒錯，雖然我很佩服這位媽媽的魄力，也不潑其冷水，但卻不看好。

果不其然，先生的不支持，兩周而已就胎死腹中了，從沒評估過家庭因素。更好玩的是有一位住在桃園的媽媽，居然學我在機車的照後鏡貼上英文單字，教後座五歲的兒子。

拜託！請不要學我這危險的動作，我是放慢速度加上經驗老到的近三十年騎機車經驗。實在無法相提並論。

有些人只看到某些成功的代表人物，就直覺的一窩蜂跟隨其方法。別人的良藥也許是自己的毒藥，世界上沒有一體適用的秘方。

我自己兩個孩子也是兩套方法。兩年前一位家長向我推薦國中要讀哪裡，我馬上答應了。她嚇一跳，要我不要那麼快下決定，說不定還有更好的。我回她：「我不必最好的，我要適合自己孩子的。」就像男婚女嫁一樣，條件最好的不一定適合當你的另一半。

孩子是自己的，沒有專家。了解孩子，你就是專家。

善用你身邊的資源

不管是時間優勢、金錢優勢，甚至是人脈優勢。只要善用周遭的資源，再加上用心，你和孩子就是贏家。

有書不看，等於木片！

一位賣花生米的攤販，買舊書當包裝紙用。他一面拿秤來稱書，一面用非常惋惜的口吻說：

「要是這些白紙上面沒有印上黑字，該有多好！」

當時在物質缺乏的年代，買書是奢侈的，但賣花生的如能充分利用廉價甚至是免費的書報閱讀進修，假以時日他們可以有更好的生活。

有書不讀，不如白紙！我們汲汲營營於有形資源的追求，卻忽略無形的更珍貴。

弟弟在小六時，問我一題高中複利的數學題，本金加利息分攤十年來還。半個月來看了無數次教學片還是不懂，於是我想到了姊姊的國中數學老師——何老師。
這位熱心的何老師，花了一個多小時回答弟弟「一卡車」的疑問，他終於會了，也知道怎麼做。這種情形，我約了兩次，也載了兩次。
回到家，弟弟還是一直搖頭晃腦。他說雖然會做這複利的題目，但對貸款還款及單利複利之間的原理，還是有一點死角。
對著這樣一個吹毛求疵的孩子，真是很煩很累。每個人都學有專精，但也不一定符合你的需求。
耕當問奴，織當問婢。煩了我三天後，決定求助於銀行，反正我以前常跑三點半，銀行我熟得很！
星期三弟弟只上半天課，我們帶著題目到台銀服務台尋求援助。剛好一位看起來像主管級的女士，問我需要什麼服務？說明來意後，她居然很熱心，很有自信丟了一句：
「來，跟我來！」我們喜出望外遇到一位古道熱腸的好心人！
這一個小時之中要接待客戶，要接電話又要耐心回答兒子的所有疑問，她的最後一個關鍵結語，點醒所有疑惑。
「今天的錢和明天的錢是不等值的……。」

真是一語驚醒夢中人！

「喔……我全懂了。」弟弟興奮的跳了起來，他等的就是這句。

謝完之後，我偷偷記下放在桌子上的名牌：「葉翠如」，出來時就和弟弟約定，書出版後兩個人要一起親自送書謝謝她。

不要以為什麼都要錢才能辦好事，我常在星期日看到許多爸爸媽媽，帶孩子在書局看免費的書。連英文名師徐薇，都會利用暑假要兒子去美國，和土生土長的表哥學美式腔調的英語，還成為每年的例行公事，而我們卻只想到花錢補習了事，那沒錢的怎麼辦？

不管是時間優勢、金錢優勢，甚至是人脈優勢。只要運用別人沒有的優勢，善用周遭的資源，再加上用心，你和孩子就是贏家。

孩子的問題不會怎麼辦？

大家羨慕我家有兩個資優兒的同時，
不知道有沒有順便羨慕我的用心。
我被煩的程度，
如果大家可以忍受，
你們家必定有資優兒。

「爸！雲為何是一團一團的？火的焰為何是圓的？而不是方的？」

「那是自然啊！」

「每次你不知道原理都說自然！」我又被「凸槽」了。

從此我乾脆回答孩子「不知道」，但這句話對孩子而言，又有放棄的味道。你讓孩子覺得連大人也不會，那我只是個孩子，不會更是正常。久了之後，孩子大概不會來煩你了。

所以，回答不會最省事，一勞永逸，不過孩子問完了，將來也玩完了。

不管是功課上或人生道理或時事，我鼓勵孩子發問，而且馬上解決，如果遇上瓶頸，一直累積問題，將使孩子漸失興趣及信心，尤其是課業上。

打破砂鍋問到底是我的原則，想不到被孩子學走了，弟弟的問題像機關槍，但我也不是省油的燈，雖然只是國中畢業，但那不會是個藉口，我不會讓孩子瞧不起的。自己累積的經驗，也願與我的讀者分享。

孩子的問題儘量、儘快回答，不會的查字典、查書、查電腦，甚至利用自己的人脈詢問專業人士，也讓孩子學會如何找到解答。

時效性很重要。找佐證資料時如家中的各類書籍不足，就應馬上求助圖書館。

有一次弟弟研究磁浮列車的資料，就是在圖書館內的藏書裡。

參考書上不會的就打去出版社，不印上電話也別想阻止我要問的決心，我可以打一〇四、一〇五問。也許你會存疑，就算問了自己也聽不懂啊？在小學還可以，國中根本聽不懂，如何轉述給孩子聽？

這個問題我也思考很久，帶孩子十多年，終於想出錄音筆，裝到電話上，你儘管提出疑問，讓出版社人員直接回答，孩子放學回來放給他們聽，懂了馬上洗掉以免有隱私問題，好幾次利用這種方法，孩子自然就豁然開朗了。

「啊！我懂了。」是孩子聽完以後的第一句話。

我靠著一支電話及錄音筆問遍全台灣，解決了孩子的難題及本身學問上的不足。我都不必會，我只要會打電話。

我曾花一個早上打電話到出版社，解決兩個孩子一疊參考書的問題。不會，不可恥，但要讓孩子知道你是關心他的。你回答不知道，孩子就跟著你不知道，結果考試成績不好，你居然罵他這個為什麼不知道，不是很矛盾嗎？

大家羡慕我家有兩個資優兒的同時，不知道有沒有順便羡慕我的用心，我被煩的程度，如果大家可以忍受，你們家必定有資優兒。

當我們自認滿肚子學問，什麼都懂卻又回答不出孩子的問題，如果這時還不肯學或不懂裝懂，那真的是永世飯桶了。

秀才不到田裡來，見了麥子當韭菜！「不會」不能當藉口了，那叫「不要」「不想」，你的孩子只贏在你的下一步動作而已，那就是「問」。

小時候，我曾問過父親剪刀在哪裡？他回答我：「在手裡！」

長大一點，我問外婆學校在哪裡？她回答我：「在嘴巴裡！」

現在，如果你問我答案在哪裡？我會告訴你：「在電話裡！」

當孩子情緒的出口

就算孩子頂頂嘴，
我和媽媽也很樂意當孩子的出氣筒，
耐心傾聽孩子的心聲及看法，
親子關係不好也很難。

壓力是萬病之源。

有的壓力必須孩子自己承受，但不對的壓力就必須去除，這有賴於父母的回收功力，要扮演孩子「心情垃圾分類」的角色，給予適時的抒壓。

弟弟小學時候放學的某一天，突然向我抱怨：

「爸！都是你出書啦！害我在班上不能做壞事。」

我真的丈二金剛摸不著頭腦，不明白他葫蘆裡賣的是什麼藥？

原來，學校的小朋友或老師都因為書而拿放大鏡看他，也曾老師對他說「你爸出書，你還這麼調皮」？使得他突然被標籤化了，那一陣子他很不快樂。

知道原因之後，我馬上對孩子加以心理建設：

「千萬不要這麼想，這是兩回事……。」

做壞事當然不行，但其他諸如分數等不必給自己太多壓力。盡力即可。你還是作你自己，壓力，就由我們大人來扛吧！

弟弟點點頭表示理解，看得出他的感動。畢竟孩子最在乎的，還是父母的想法。

爸爸都這麼說了，別人更無從置喙。從此他學會了不在乎別人的眼光。

弟弟第一次國中段考一炮而紅，不小心校排第一，他很擔心下次掉下來會被笑，果真第二次退步了。這時正值資優班的測驗，也是一大票同學及老師關心。

「這次校排第幾啊？資優班有沒有考上啊？」

回家後自嘲：

「考一百分沒人問，考八十六分那麼多人問。」

他選擇微笑據實以告，因為家中我們父母早為他作好心理建設。人不可能永遠第一，認真的對自己負責即可。

姊姊從小學到現在，考了三次還是沒能考進資優班，我是這麼告訴她的：

「資優生多如過江之鯽，但八年級數學免修卻只有你一個，你還是比較特殊的啊！」

她微笑點頭肯定了自己。

我兩個孩子就是這樣帶上來的。他們多了父母的包容，歡喜做，甘願受，做得更好！

鯀的圍堵、禹的疏導，孰勝孰負？歷史上記載得很清楚。就算孩子頂頂嘴，我和媽媽也很樂意當孩子的出氣筒，耐心傾聽孩子的心聲及看法，親子關係不好也很難。

懂得分階段放手

孩子小的時候，幫他紮根；
孩子長大了，給他們翅膀。
放手容易，放心難。
惟有放心，才是真正的放手！

冬天穿襖，夏天吃瓜。適當的時機做適當的事。

有位同學常打電話來問功課，奇怪的是打來的不是本人，而是媽媽。我很好奇，為什麼自己不打？

每次都由母親代勞？原來，因為是孩子怕生不敢打。縱容而沒放手的結果，這位同學到了國中有點適應上的困難，個性使然，難以融入班上與同學打成一片。

孩子依賴成性，雖然小學成績優異，但升上國中就變得很不穩定。因為國中的課程已非像國小一樣，父母可以幫忙及包辦。

這是非戰之罪。新手爸媽因經驗不足，常拿捏不準最佳時機。有的媽媽遲遲捨不得放手，造成孩子到了國中還畏畏縮縮，怕生無法自主，每次都是我媽說、我媽說。

但也有些父母太早放手，以致習慣未養成前就放牛吃草了，孩子不是難以糾正，就是跌得鼻青臉腫。

有一位校長為我高興，也為我擔憂，曾語重心長的對我說：

「要是孩子全程都是你帶，會有問題。」

她不明講，我也一直在思考真正的意涵，要告訴我什麼？

我懂了。我為孩子安排得太好了，使孩子失去自主能力，加上學歷關係，到一定程度，孩子絕對會有瓶頸，校長不好意思點明。

原來，我和前一位媽媽犯下同樣錯誤。不同的是這位母親是不得不放手，我是找適當的時機放，太早也是不對！

要放、要獨立，但不一定要早放。陶土成型後再燒才能燒出「好樣兒」，不然燒出來的永遠都是「瑕疵品」。

我自己就是太早獨立的犧牲品。太早熟，有自己的想法，聽不進別人的建議，認為自己已真正長大，終造成輟學的悔事——太早被放手，落得「後悔」二字。

因先母早逝，父親從小就要求我們提早獨立，看不慣外婆每天帶我去上學的依賴。有一天突然叫我一個人去，一個七歲大的小朋友，要過三次紅綠燈？外婆不放心的說那麼遠……

心中雖然害怕，但看到外婆面有難色又不敢堅持，實在不捨。也不知哪裡來的勇氣自告奮勇：

「我自己去啦！」然後帶著難過及恐懼上學。

其實不是我厲害，是外婆之前一個紅綠燈、一根柱子，慢慢引導我到家，「明天阿嬤在下一個紅綠燈等你喔！」我遵照指示，她總是算好時間提前到，因怕我見不到人心慌。

同樣是放手，外婆循序漸進，讓人感覺溫暖，有人情味；父親呢？我有著鴨子被趕上架的不舒服感，萬一發生危險，後悔也來不及了。

經過一段時間後，外婆終於肯讓我獨自一個人走回家，當時我很驚訝為何阿嬤能放心？原來她都躲在每一根柱子後面，適時、安心的放手。

許多人之前批評我為孩子揹書包之類情事，其實我是扶正後才放。確實沒有駝背才放。

值得玩味的是，他們也批評書包太重，有時孩子脊柱走位還不自知，甚至會引起胸悶、頭昏、壓迫等後遺症。

孩子國中後我一樣一樣的放，姊姊的口頭禪就是：

「我自己會安排啦！」

每當我問她某某科看了嗎？我得到的標準答案就是這句。放手之後，你會發現，原來孩子能做得更好，人人也輕鬆。現在我都故意裝傻，讓他們自己解決。

「孩子小的時候，幫他紮根；孩子長大了，給他們翅膀。」

放手容易，放心難。惟有放心，才是真正的放手！

多少的壓力來自父母

金剛怒目不如菩薩低眉。
一樣是學生，有的功課寫不完，
而有的卻是籃球打不完。
原來壓力的源頭竟來自父母！
那紓壓的工作呢？
當然也是由父母負責囉！

不了解我管教方式的讀者及朋友，一直以為兒女的壓力來自於「我」。錯！他們的壓力來自於他們自己。

弟弟常利用下課時間或上課老師說笑話時，練習高中數學題。老師誤以為他功課太多、壓力太大，一直要其放鬆心情。其實他是為了省下零碎時間放學盡情的打籃球。就有人在籃球場上問他：

「你爸不是盯得很緊嗎？」

「對啊！可是我也混得很兇啊！」

我常告訴兩個孩子，你們只要對自己負責而且快樂的學習就夠了，自己想要什麼名次自己努力爭取。考不上心目中的學校，就回來讀社區高中我也能接受，前提是在認真的情況之下。

只見他們一直努力往前衝，少了父母的壓力，得到的反而是體諒和包容，哪個孩子能不感動而不努力？

相對於我孩子的幸運，今天卻聽到一個非同小可的不幸消息，居然有位女同學在日記上透露想要輕生的念頭，原因是功課太多寫不完，每天補習回來又要應付明天的考試，總是摸到午夜過後才能睡覺，功課也不是很好。長期下來已不堪負荷，壓力甚大以致興起自殘傾向。

於是家長怪罪老師出的作業太多。這好像有點本末倒置了吧？其實老師不出功課，會有更多家長抗議的。每當五點半到了，總有同學催著老師趕快放學，補習班快遲到了，我也不了解到底以那裡學習為主？乾脆休學去補習算了。

家長對成績的要求是天經地義的事，但事實上關心已成壓力，如不適時改變自己的態度及作法來開導孩子、輔導孩子，害她的不是老師出的功課太多，而是父母的壓力太多，畢竟關心不等同付出。

國中資優班進入第二、第三關測驗時，弟弟問我考不上怎麼辦？我告訴他：

「考不考的上沒關係啦，因為我們自己已有計畫的學習，沒考上反而有更多時間運用。」

沒有了後顧之憂後，他反而放手一搏，在心情極為放鬆之下，得到了超高分數進入資優班，有一半的功勞來自父母的支持，不然第一名的光環不可謂不大。別班有位同樣名列前茅的孩子，就因為父母給的壓力太大，非進資優班不可，結果反而失常，與夢想失之交臂。

九十八分還要被打兩下？原本以為只是笑話一則，想不到在一次的演講中，一位媽媽親口告訴我，她的朋友就是如此對待自己的孩子。聽說也有極少數補習班徵求家長的同意，分數達不到標準就是打！

孩子的同學有一次段考國文只考七十多，回到家爸爸大怒對他說：「明天如果數學考不到九十，你就不必回來了。」哎！冷藥冷飯好吃；冷言冷語難受！還好，這位同學剛好能回家。

金剛怒目不如菩薩低眉。一樣是學生，有的功課寫不完，而有的卻是籃球打不完。原來壓力的源頭竟來自父母！那紓壓的工作呢？當然也是由父母負責囉！

嚴官府，賊更多。解鈴還需繫鈴人！

老師沒空？

我給的不是一個小時，
而是一個態度、
一個觀念、
一個方法、
一個信心。

「人家是老師留學生，我最偉大，我是學生留老師！」姊姊放學回來，得意的向父母炫耀她的成就感。

「請問老師有空嗎？我想問一些問題。」放學後國文老師正要回家，半途被她攔了下來。

「有這麼認真的學生，怎麼會沒空呢？」這一問又是一小時，老師晚了一個多小時回到家。

我真的很感謝。感動的是這個學校像這樣的老師並不是唯一，而是一大票。女兒放學就是逛辦公室，找老師請教問題，尤其是歷史幾乎天天報到，一趟三十分、五十分鐘都很正常，老師還特別交代：「有問題要再來問喔！」

已有許多人質疑，是因為我的關係，老師對我的孩子特別用心。錯！我保持得異常低調，進校門前我的左手一定戴上手套。隱藏身分是為了看到最真。一年多了，校長及一些老師才漸漸認識我們。兒子還「虧」我：

「不想表明作者的身分，是想測試一下自己夠不夠紅嗎？」

結果開學後第八天，被隔壁班同學拿著我的書問姊姊：

「快說，這是不是你？」

姊姊笑一笑，不承認也不否認。

一位住在東區媽媽向我投訴，遇到一位自稱很忙的導師，學生也畏懼問問題，家長雖略有微詞，但成績和孩子在老師身上，每個人都噤若寒蟬。不敢據理力爭，睜一隻眼、閉一隻眼。

這是第二次聽到老師沒空的實例。我的一位朋友住在汐止，國中的孩子每次到辦公室找老師，不是不在就是很忙，要不然就推說沒空。久了，有問題不會去找老師，而是到補習班了。良心事業一下變得很沒良心。

孩子會發問實在難能可貴，找不到人可釋疑解惑，真的很無奈。再去補習？都沒時間了，還去重複那些課程，浪費時間？媽媽告訴我，一個章節居然要聽三次，時間花得不值得，還有來回車程。因為不會，找不到人問，也不敢找老師問，疑問愈大，瓶頸愈多，孩子已開始出現對課業排斥的現象。

媽媽緊張到想請家教，但號稱台大高材生一小時要一千，一周兩節就要花她八千元一個月，實在是一筆不小負擔；便宜的一小時五百又怕教不好，進退維谷中跑來問我意見。

老師態度不積極，確實很吃虧。我建議她問出版社或同學，要自學也可買教學帶，可問的人很多，不一定得依賴老師，也可利用自己的人脈找學長或親戚朋友，重新調整腳步，不要讓孩子自我放棄。

這七、八十分鐘，她聽得很仔細，我從頭到尾分析給她聽，很感動。更感謝我的鼓勵，讓她有方向走。我給的不是一個小時，而是一個態度、一個觀念、一個方法、一個信心。

她很感慨！一個陌生人都願意花時間指點她，而領公餉的老師卻推沒空？其實我真的也很忙。此時正在趕第三本書，我不會推說沒空。對有心的父母及孩子，時間值得花，我永遠有空！

相形之下，我的孩子很幸運，遇到的老師們都「好有空」！

姊姊的英文老師，居然還留家中電話及手機給女兒隨時候教。數學老師也是，連不是他教的弟弟，都能利用放學時間預約時段請教。常常，我們問完是回家，老師還急著趕去上輔導課。

十年前，我家房子會突然漏水，查明原因後知道公共的東西要修復得曠日廢時，甚至不了了之。自己花了一萬多元，以替代方案暫時解決。今年住戶終於找人修好了，但我怎可能等十年，讓天花板滴十年？

孩子的教育也是一樣，如不自力救濟靠自己，十年？這個孩子已經毀了。找個人讓孩子發問很重要，有醫術沒醫德的人畢竟只佔少數。好的老師請不要吝於您的掌聲，不滿意的也一定要有代替解決之道；孩子沒幾個十年。老師沒空？是沒服務熱忱。叫他去領消費券？半夜都很有空。

丟掉你們家的字典吧！

為了避免錯誤或和老師有爭議，
建議上教育部國語辭典網站，
或買一本「國語一字多音審訂表」。
會再改嗎？
當然「專家教授們」都會定期開會討論，
所以我也只能保證到今天為止是對的。

去年的童玩（ㄨㄢˋ）節，爸爸看到媽媽的妊娠（ㄔㄣˊ）紋心有不捨，動起了結紮（ㄗㄚ）的念頭。

天人交戰期間，每天總是三更（ㄐㄧㄥ）半夜，酩酊（ㄉㄧㄥ）大醉後才回家，看著剛買的液（ㄧˋ）晶電視，正播（ㄅㄛ）放祕（ㄇㄧˋ）魯國家血脈賁（ㄆㄣ）張的畫面。也令他想起過年時，大家除了恭賀新禧（ㄒㄧˇ）外，不能免俗的拿起骰（ㄕㄞˇ）子賭了一把，卻讓自己輸了不少。他卻極力的想要雪（ㄒㄩㄝˋ）恥，卻失去更多友誼（ㄧˊ），心情錯綜（ㄗㄨㄥ）複雜，天天向耶（ㄧㄝ）穌禱告。

以上的注音請注意，不是有錯，而是全錯。在我們生活上這類的字，簡直是「罄竹難書」！（正確讀法在199頁）

有的是約定成俗，有些是我們自己弄錯了，但大部分是因為教育部改了。也許有人認為聽得懂就好，無所謂，不要太鑽牛角尖。但可憐的是小朋友要考試，而考試卻只能有一個標準答案。

前年買了一本教人如何準備學測的書，很有名的出版社及作者，銷售不錯。其中我很敏感的發現他為讀者解錯了答案，雕塑（ㄙㄨˋ）解答為雕（ㄙㄨㄛˋ）。

我很雞婆的打去出版社，目的是再版時能訂正過來，以免學生學錯了。想不到得到的回答竟是：

「沒錯啊！（ㄙㄨㄛˋ）膠啊！我們這本書出版時都已請許多學者勘正過，不會錯的。」

可能是聽太多電視廣告把塑（ㄙㄨˋ）身誤說為（ㄙㄨㄛˋ）身吧？我告訴這位小姐，麻煩她查字典及上教育部網站。最後她才說要反應給出版社，真正解答要回我電話。到現在已兩年多了，還沒有接到任何回電。我們大人錯得這麼離譜，有關係嗎？大有關係！

打完電話不到一年，也就是去年，第一次國中基測國文科第一題，就是考「塑」的注音，錯的人也許就掉了一個學校，好可惜！也好冤，萬一曾看過我看的那本書或誤信大人發音。

因為印刷關係或沒有訂正到，連字典也會錯，我也會打過去告知，有家出版社的主編還問我是否為大學教授或中文系畢業？因為一般家長只會問，無法如此專業，還能提出反駁。如果知道我只有國中畢業，保證她們當場吐血！

在幾年前我們的媒體提到璩美鳳復出主播台，把「俄」（ㄜ）羅斯播報成ㄜˋ羅斯，這和大陸實際唸法是不符的。但大哥也別笑二哥了，打開電視哪一位又播報ㄜˊ羅斯了？你也可以反駁說這是台灣。很抱歉！這就是重點，教育部早改成ㄜˊ十年了，又有誰播報成法（ㄈㄚˇ）國、蛤蜊（ㄍㄜˊ ㄌㄧˊ）了？

出去的每一場演講中，最受歡迎的內容大概就是「秀」出我自製的近百張教育部改過音，或我們常唸錯而不自知的字卡。

有一次是在內湖一個室外公園演講，講到這段時，發現外圍人群，怎麼連阿婆及老阿伯也佇足圍觀？連抱著孩子的爸爸或牽著孩子散步的媽媽也停了下來。原來是好奇怎麼都「改」了？有的還低下頭來認真抄筆記，準備回家教孩子。

根據經驗，我的字卡出去不要說及格，平均連30分都不到，在小學時特別情商老師，借了兩節自習課，我親自出馬教導同學。也一再交代孩子坐計程車時，不要說要去馬ㄒㄧㄝˊ（偕）醫院，你會到不了，全班大笑。

說太正確，人家反而「霧煞煞」，使得想說的人覺得彆扭，只好跟著「入境隨俗」的以訛傳訛，所有人錯就是對的，卻可憐了要考試孩子。一位老師就曾對同學說：

「一般說的音在基測是錯。說對了，在社會上卻沒人聽得懂。」

在家中只要有人說錯，我一定馬上糾正，連太太也不放過，卻被她們母女子視為怪胎，常遭白眼。

「這木偶誰雕ㄎㄜ（刻）的？這麼傳神？」媽媽問。

「拜託，是雕ㄎㄜˋ！」我提出糾正。

「天氣變冷了，你們穿太ㄅㄠˊ（薄）了喔！」媽又說了。

「是太ㄅㄛˊ了。」

弟弟在旁邊聽不下去了：

「不要跟他談了啦！會氣死！」

「知道就好。」姊姊也覺得我很煩。

不知有漢，何論魏晉？許多不求甚解的老師，曾反駁這只不過是讀音、語音之別，無法了解我的訴求。

為了避免錯誤或和老師有爭議，建議上教育部國語辭典網站，或買一本「國語一字多音審訂表」。會再改嗎？當然「專家教授們」都會定期開會討論，所以我也只能保證到今天為止是對的。

所以，丟掉你家的舊字典吧！除非標明「依據教育部一字多音審定表」。

PS：教育部制定的正確讀法

去年的童玩（ㄨㄢˊ）節，爸爸看到媽媽的妊娠（ㄕㄣ）紋心有不捨，動起了結紮（ㄓㄚˊ）的念頭。

天人交戰期間，每天總是二更（ㄍㄥ）半夜，酩酊（ㄉㄧㄥˇ）大醉後才回家，看著剛買的液（ㄧㄝˋ）晶電視，正播（ㄅㄛˋ）放祕（ㄅㄧˋ）魯國家血脈賁（ㄅㄣ）張的畫面。也令他想起過年時，大家除了恭賀新禧（ㄒㄧ）外，不能免俗的拿起骰（ㄊㄡˊ）子賭了一把，卻讓自己輸了不少。他卻極力的想要雪（ㄒㄩㄝˇ）恥，卻失去更多友誼（ㄧˋ），心情錯綜（ㄗㄨㄥˋ）複雜，天天向耶（ㄧㄝˊ）穌禱告。

跋

相互扶持的一家人

李春秀

「競爭力」、「能力」，這字眼對我而言心有戚戚焉。

面對人生一大抉擇——婚姻，對象是一個沒有學歷與財力的人，而這五個字卻正是我嫁給權鼎的關鍵。

記得剛嫁給權鼎時，他正面臨可能失業問題，入不敷出的生意，不知何去何從？我告訴他：

「沒關係，憑我的專業，可以當二十四小時的看護養活我們一家人。」不知那時他是否有娶對老婆的感覺。

撐了幾年的負債時期，自己因意外傷及脊椎，醫生說有可能打個噴嚏就癱瘓，心裡擔心孩子及老公要怎麼辦？心情沮喪，身心健康每下愈況，這時換成老公安慰我了：

「別煩惱啦！如果情形真如你想的那樣糟，我會揹著你找遍全台一個又一個的醫生，這個不行換下一個，直到治好你的病痛。」

當時，我感動落淚，知道沒有嫁錯人。

在這段負債的歲月裡，除了傷心難過，就是長吁短嘆。父子三人偶爾出遊陽明山，午餐到了，老公只敢叫一盤快餐，孩子吃完，爸爸再吃，當孩子吵著要冰飲料時就覺得心酸，連平時小孩要喝瓶養樂多都覺得奢侈浪費，但兩個孩子都不曾向我們抱怨及比較其他小孩的生活。

貧賤夫妻百事哀？我們卻是患難見真情，多了一段牛衣對泣、艱辛的革命感情。

◎◎◎

熬過多年後，家中用了十幾年的冰箱、冷氣也剛好壞了，不得不換，孩子們也不吝於將自己一點一滴賺來的零用錢，捐出來共體時艱。

日前爸爸因寫作演講，需要靈感以及笑話，兒女每天放學後，都會主動提供在學校休息的生活趣事。寫到這裡詞窮，姊姊剛好從前面走過，求救於她：

「你提供兩則我們家親子互動的笑話給媽媽寫後記，好不好？」

「很多啊！可是都忘了。」

「那不是等於白講，昏倒！」

「真的很多咩！你能否認嗎？」

這就是我女兒。權鼎到處演講，常對聽眾說，「女兒的『鈍』，一定是遺傳到媽媽。」我一直不以為然，現在想想，真的很像。因為「很多啊！可是我想不起來了。」

但，尺有所短，寸有所長。姊姊此時見爸爸為了準備明天的演講，忙得焦頭爛額，每次出門還帶一大堆手寫資料，而且沒有規劃，她自動請纓替爸爸想到了把資料輸入隨身碟建檔的方式。但爸爸不大會使用電腦，她不顧明天還要月考，二話不說幫爸爸建檔，這樣明天就可以派上用場。

弟弟是家裡的開心果，心情不佳時，就會跑來逗我開心。去年我建議權鼎，以後對得坐高速公路才能到達的演講就不要接了，因為來去危險。

「你怕什麼？我有保險啊！」先生理直氣壯的回答我。

「你保那一點點而已，我要那些錢做什麼？」

這時坐在旁邊的弟弟幫我想了個好方法。

「媽，很簡單啦！你幫爸爸保險保高一點，然後叫司機開快一點。」我作勢要捶人，他趕快溜之大吉。這就是我們家的氣氛。

◎◎◎

權鼎的人生，就是一部活教材。他用那「走過才知道痛」，而此痛絕不能再發生在別人身上那種感同身受的同理心，來與人、事、物互動。

這樣的人生哲學，讓孩子在充滿責任、付出、了解、體諒、包容、愛與關懷的環境下，從生活中參與學習思辨內化進而擁有這無形的資產——人格特質。

這是權鼎的第三本書，從《我這樣教出資優兒》、《孩子的能力父母親決定》到《自己的孩子自己教》，那過程猶如母親懷胎十月，那樣悉心呵護，有過之而無不及，每篇都是權鼎用心、用靈魂一字一字寫出來的。

事實上，他也用自己的人生來證明，本身總是說到做到，不只對家人負責，更是對所有人、事、物負責。只要是「徐權鼎」，絕對品質保證！

不下水，一輩子不會游泳；不揚帆，一輩子不會撐船。「凡走過必留下痕跡」。權鼎生活教育下的產物，不只是讓孩子擁有未來的競爭力，還營造出相互扶持的一家人。

附錄1
師長對孩子的評語

「姊姊是個優秀的孩子，待人謙和有禮，主動自我要求，永遠專注的上課表情、追根究柢的精神、認真負責的做事態度，不僅讓師長們非常的放心，也是班上同學認同的楷模。」

台北市立忠孝國中導師 **林珍毓**

「姊姊理解與計算能力明顯優於同期的學生，每當評閱試卷時，對她有條理的思路，以及工整的字體，不禁由內心發出讚嘆，每張試卷都以裱框當成精美的作品欣賞。弟弟則是在小學階段就廣泛涉獵數理知識，遇有疑問則勇於發問至完全瞭解為止，目前正就讀數理資優班，悠遊於資優學程中。」

台北市立忠孝國中數學老師 **何崑德**

「姊姊上課時專注的眼神，透露著她對學習的渴望。課後不只把老師規定的作業確實完成，還常常主動閱讀一些英文雜誌，就像以前我的祖母常說：『像這種人，免設官府！』」

台北市立忠孝國中英文老師 **方雪貞**

附錄2

我對教育的一些想法

徐權鼎

✔學習之路沒有終點，只有堅持。目標清楚的人，世界也要讓他三分。

✔我不會逼孩子學習；但我會「設計」，請君入甕。可惜有些家長第一關就投降了，根本沒動過腦。

✔把問題丟還給孩子，讓孩子自己想辦法也許更好，太方便了反而孩子不知珍惜，更失去一個很好的學習機會。

✔孩子動作慢，是父母讓他們習慣的，有時大人比孩子提早投降。

✔我們急著告訴孩子，要這樣做、要那樣做。殊不知，這已妨礙孩子思考及練習的大好機會。

✔最適合孩子基礎的專屬課程，需要父母精心設計，難以外包。

✔教育不能只會提「錢」學習，那是現學現賣，可能會消化不良；而是要提前學習，放在銀行還可以生利息。

✔孩子是自己的，沒有專家。了解孩子，你就是專家。

- ✓ 急就章是要付出代價的，沒有特效藥，只有平時努力，只有基本。
- ✓ 補習就像蝸牛耕田，費力不小收穫卻不大，一輩子餵他是永遠學不會釣魚的。
- ✓ 把教育問題丟給學校、丟給補習班是最錯誤的思維，一切還是要回歸家庭。
- ✓ 分數不是我的標準，學習態度才是我的標準，盡力就是孩子的滿分。
- ✓ 現在雖不再有養兒防老的觀念，但不好好教育孩子，將來就要「養老防兒」了。

- ✓ 小魚是翻不起大浪的。努力扮好自己每一個角色，就算是一顆小螺絲釘，也要成為螺絲釘第一。
- ✓ 數學好的同學，功課絕對不差，因為他會思考。計算能力就是靠每天的幾分鐘，我們就是贏在持之以恒的幾分鐘。
- ✓ 在榮譽心的驅使下，沒有孩子願意被動的。當你還在抱怨孩子時，他一定是少了你熱情的支持，以及循循善誘。
- ✓ 教養的擔子愈重，腳印愈深。愈辛苦，愈要在一起。不要有了年紀後，才發現孩子距離我們好遠。

✔ 孩子小的時候，幫他紮根；孩子長大了，給他們翅膀。放手容易，放心難。惟有放心，才是真正的放手。

✔ 我始終相信：現在及未來，靠的是努力揮發實力；學歷，只能代表過去。

✔ 孩子學習動機如果是為了充實自己，就能享受到追求解答的快樂而自動自發。會感到痛苦原因，就在於學習和考試相連結、劃等號，所以不快樂、被動。

✔ 孩子能這麼快樂，是因為他們懂得在別人的需要上，看見自己的責任。

✔ 現在去做應該做而別人不想做的事，日後才能做別人想做卻做不到的事。

✔ 一樣是學生，有的功課寫不完，而有的卻是籃球打不完。原來壓力的源頭竟來自父母。紓壓的工作呢，當然也是由父母負責。

✔ 我陪家長說了一個小時的話，給的不是一個小時，而是一個態度、一個觀念、一個方法、一個信心。

國家圖書館出版品預行編目資料

自己的孩子自己教 / 徐權鼎 著・
-- 第二版. -- 台北市：文經社，2009.5（民98）
面；公分. --（文經文庫；A243）
ISBN 978-957-663-572-4 （平裝）
1.親職教育 2.兒童教育 3.親子關係
528.2 98008046

文經社
www.facebook.com/cosmax.co 或「博客來網路書店」查詢文經社。
文經文庫 243

自己的孩子自己教—我這樣教出孩子競爭力

著 作 人—徐權鼎
發 行 人—趙元美
社 長—吳榮斌
主 編—管仁健
美術設計—王小明
出 版 者—文經出版社有限公司
登 記 證—新聞局局版台業字第2424號
社 址—241-58 新北市三重區光復路一段61巷27號11樓（鴻運大樓）

<業務部>：
電 話—（02）2278-3158
傳 真—（02）2278-3168
E-mail— cosmax27@ms76.hinet.net
郵撥帳號— 05088806 文經出版社有限公司
印 刷 所—松霖彩色印刷事業有限公司
法律顧問—鄭玉燦律師 （02）2915-5229
發 行 日—2009年 6 月 第一版 第 1 刷
2018年 7 月 第 14 刷

定價／新台幣200 元
Printed in Taiwan